당신의 카페를 빛낼

맛있는 커피 레시피

DELICIOUS COFFEE RECIPE

프로페셔널 바리스타 추천 필수메뉴 100가지

당신의 카페를 빛낼

맛있는 커피 레시피

아이비라인 지음

아이비라인 Publishing Co.

당신에게
꼭 필요한 카페음료를
제안합니다.

주변에 잘된다는 카페를 가만히 눈여겨보면, 곳곳에 흥행 요소 하나씩은 꼭 숨어 있다는 걸 금방 알 수 있습니다. 손님이 모이는 입지일 수도, 인테리어에서 풍기는 감각적인 분위기일 수도 있죠. 때로는 괜히 정감 가는 포근한 인상의 오너가 사람을 끄는 곳일 수도 있습니다. 하지만 이렇듯 다양한 카페의 매력도 '맛'이라는 가장 중요한 하나가 기대에 미치지 못하면 손님들은 금세 발걸음을 돌리고 맙니다.

맛있는 카페음료를 만드는 일은 생각보다 어렵지 않습니다. 만드는 과정도, 필요한 재료도 요리나 디저트보다 훨씬 간단하니까요. 레시피 구하기는 또 얼마나 쉬운가요. 하지만 막상 따라 해보면, 사진 속의 먹음직스러움이 환상에 불과하다는 걸 깨닫게 됩니다. 생소하거나 값비싼 재료, 번거로운 부재료 제작 등은 현실의 매장 운영과는 거리가 멉니다. 인터넷을 떠도는 상당수의 레시피가 '카페'보다는 '홈카페'에 초점이 맞춰져 있기 때문이죠.

막상 카페 메뉴를 구성하려 하면, 수많은 선택지 앞에서 망설이게 됩니다. 얼음의 양, 재료의 비율, 유리컵의 용량 같은 사소한 부분조차 기준을 잡기 어렵습니다. 그래서 무작정 카페를 찾아가 마셔보고 물어보기도 하고, 커피 아카데미를 찾아 수업을 듣기도 하죠.

저희는 여러분이 이런 시행착오를 덜고, 발품을 줄일 수 있도록 실용적인 카페음료 레시피를 한 권의 책에 담았습니다. 2013년 처음 출간된 〈맛있는 커피 레시피〉는 최신 카페 트렌드를 반영해 메뉴를 재구성하고, 수차례 테스트를 거쳐 완성도를 높였습니다. 아메리카노와 카페라떼 같은 기본 메뉴부터 주스, 에이드, 프라페, 티에 이르기까지 카페 음료의 모든 기본기를 담았습니다. 아울러 기존의 비슷비슷한 카페음료를 나만의 것으로 소화할 수 있도록 응용하는 방법, 음료를 만들다 자칫 저지를 수 있는 실수를 미연에 방지할 수 있게끔 상세 팁도 기재했습니다. 그뿐만 아니라 카페메뉴를 이해하는 데 도움이 되는 각종 정보를 골고루 다루며, 다채로운 읽을거리도 함께 선사합니다.

2025년, 초판 발행 이후 10년 넘게 꾸준한 사랑을 받아온 이 책이 새 옷을 입었습니다. 메뉴 수는 기존 93개에서 100개로 늘었고, 재료와 용량, 구성 비율까지 현 시장 흐름에 맞게 전면 개정했습니다. 매년 새롭게 부상하는 트렌드 음료를 분석해 '시그니처 크림라떼' 등 실전형 레시피를 새롭게 추가했

으며, 실제 매장에서 검증된 노하우를 중심으로 보다 효율적인 제조법을 제시합니다.

이번 개정판은 단순히 레시피를 늘린 것이 아니라 '지금의 카페 운영자들이 진짜 필요로 하는 메뉴 구성'을 목표로 했습니다. 빠르게 변하는 카페 시장 속에서도 여전히 유효한 기본기와 트렌드에 유연하게 대응할 수 있는 아이디어를 함께 담았습니다.

〈맛있는 커피 레시피〉 개정판이 여러분의 카페에 달콤한 변화와 새로운 영감을 가져오길 바라며, 이제 그 첫 장을 함께 넘깁니다.

CONTENTS

1 INTRO 일러두기

2 WARM-UP 워밍업

3
RECIPE
레시피

커피
COFFEE

논커피
NON-COFFEE

INTRO

일러두기

이 책을 보는 법

계량 바로 알기

다채로운 커피음료

1

메뉴 소개

메뉴에 대한 설명은
잘 읽어두었다가 손님
응대 시 활용한다.

카페라떼

Cafe Latte

'라떼'는 이탈리아어로 우유를 뜻하며, 카페라떼는 에스프레소와 우유가 조화를 이루는 커피다. 에스프레소와 우유의 비율에 따라 다양한 맛을 표현할 수 있으며, 보통은 비교적 큰 잔에 우유를 가득 넣어 고소한 맛을 살린다. 그러나 요즘은 작은 잔에 담아 커피의 진한 향미를 즐기는 이들이 느는 추세다. 메이플, 바닐라 등 여러 시럽을 넣어 응용할 수도 있다.

54

잔 크기

메뉴 용량을 확인한 뒤 사용하는 잔에 맞게 레시피를 조정한다.

HOT
잔 270㎖

ingredients

에스프레소 1샷
스팀 우유 200㎖

How to make

1. 잔에 에스프레소를 추출한다.
2. 스티밍한 우유를 ①에 부어준다.

TIP

- 여러 잔을 만들 때는 우유를 먼저 따르고 거품을 올리면 일정한 양을 맞출 수 있다.

ICE
잔 540㎖

ingredients

에스프레소 2샷
우유 200㎖
얼음

How to make

1. 잔에 얼음을 채운 뒤 우유를 넣는다.
2. ①에 에스프레소를 붓는다.

1

2

응용하기

- 우유 거품을 살짝 올려 마무리하면 메뉴의 향미와 온도를 유지할 수 있다.
- 페라떼에 메이플, 바닐라, 캐러멜, 헤이즐넛 등 다양한 시럽을 활용하면 여러 가지 메뉴로 응용할 수 있다.

55

팁

메뉴의 완성도를 높이는 노하우와 만들 때의 주의사항 등을 공유한다.

레시피

만드는 법이 비교적 쉽고 간단한 메뉴는 간략하게 글로 정리하고, 일부 메뉴는 이미지로 자세하게 보여준다.

응용하기

같은 메뉴도 만드는 법은 다양하다. 개인의 취향에 따라 원하는 방식을 선택할 수 있도록 여러 예시를 제시한다.

여느 음식이 그렇듯 카페음료 역시 각 재료를 얼마만큼 넣느냐에 따라 맛이 달라지기 마련이다. '적당량'이라는 표현에 의존하지 말고 다양한 계량 도구를 사용하는 습관을 들이자. 이는 레시피 표준화와 퀄리티 유지에 필수적이다.

단위

온스 **oz, ounce**	무게나 부피를 나타내는 단위. 1oz는 무게로는 28g, 부피로는 30㎖이다.
밀리리터 **㎖, millilite**	부피를 나타내는 단위. 리터(L, liter)의 1/1,000이며, 1㎖는 1cc와 동일하다.
그램 **g, gram**	무게를 나타내는 단위. 킬로그램(kg, kilogram)의 1/1,000이다.

도구

계량스푼

가루나 액체로 된 소량의 재료를 잴 때 사용한다. 5㎖부터 15㎖까지 사이즈가 다양하며, 여러 개가 하나로 연결된 것도 있다.

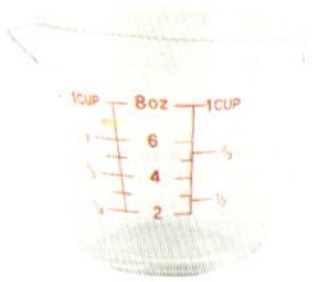

계량컵

재료의 분량을 잴 때 사용하는 컵. 사이즈는 50㎖에서 200㎖ 사이가 일반적이지만 더 큰 것도 있다. 컵 안쪽에 눈금이 있어 더 적은 양도 잴 수 있으나 1/4컵 이하는 계량컵보다 계량스푼을 이용하는 것이 적절하다.

지거

액체의 용량을 재는 도구. 사이즈가 다른 삼각형이 위아래로 두 개가 붙어 있다. 종류로는 30㎖, 45㎖ 등이 있다.

계량저울

계량스푼과 계량컵으로 부피를 잰다면, 계량저울은 무게를 잴 때 사용한다. 저울의 바늘이 영점에 맞춰져 있는지 확인한 후 사용해야 오차 없이 잴 수 있다.

주의할 점

- 계량의 기본은 바로 균형. 계량할 때는 도구가 어느 한쪽으로 기울지는 않았는지 체크한다.
- 무게와 부피를 혼동하면 안 된다. 재료는 특성에 따라서 부피는 같아도 무게가 다를 수 있다. 각 재료마다 한 스푼, 한 컵이 실제로 얼마나 되는지 계량한 후 레시피를 결정하는 것이 좋다.
- 입자가 곱고 가벼운 가루 재질의 재료는 꾹 눌러 담지 말아야 하며, 미리 체에 쳐야 뭉친 부분 없이 일정하게 잴 수 있다.
- 가루나 알갱이, 퓌레, 페이스트 등을 계량할 때는 재료를 담은 뒤 윗부분을 편편하게 깎아줘야 정확하게 잴 수 있다.
- 액체를 계량할 때는 계량스푼의 가장자리가 넘치지 않을 정도로 가득 담아야 한다.
- 레시피를 정한 다음에는 매장에서 사용하게 될 계량도구들을 몇 가지로 통일한 후 매뉴얼을 정리한다.
- 숟가락은 사이즈가 제각각이므로 되도록 계량스푼을 사용하는 것이 좋다. 불가피할 땐 숟가락을 대신 활용할 수 있다. 참고로 15㎖짜리 계량스푼은 일반 숟가락보다 약간 작다.

TIP

까다로운 얼음 무게 재기

얼음을 갈아서 만드는 음료는 얼음 양을 정확히 맞추지 않으면 맛에도 큰 영향을 미치기 때문에 오차를 최소화하는 것이 무엇보다 중요하다. 얼음은 부피가 같아도 무게가 다를 수 있고, 또 제빙기 종류에 따라서도 얼음의 상태가 달라져 정확히 계량하기가 어렵다. 계량저울이 가장 적합한 도구이지만 바쁜 매장에서는 사용하기가 쉽지 않을 수 있다. 차선책으로 얼음 개수를 정해놓거나, 사전에 컵을 하나 정하고 메뉴별로 얼음을 얼마나 채우면 되는지 계산해 놓는 방법이 있다. 스쿱에 떠지는 대로 대충 얼음을 넣는 것은 되도록 피하자.

카페에는 커피 외에도 응용 메뉴인 베리에이션과 기타 메뉴인 논커피 음료들이 잘 갖춰져 있어야 손님들 입맛을 보다 다양하게 만족시킬 수 있다. 하지만 그 종류가 워낙 많다 보니 각각의 특징을 잘 파악한 후 시도하는 것이 중요하다. 또한 카페에 도입할 때는 각자의 콘셉트에 맞게 나름대로 어울리는 이름을 고르고, 친절한 설명과 사진을 덧붙여 손님들의 이해를 돕는 것이 좋다.

주스
Juice

과일과 채소를 그대로 갈아서 만든 음료.

에이드
Ade

과즙과 과육에 물 또는 탄산수를 넣고, 설탕시럽 등을 더해 달콤하게 만든 음료.

슬러시
Slush

살짝 얼린 주스, 또는 주스와 얼음을 갈아 만든 음료.

스무디
Smoothie

살짝 얼린 과일, 또는 주스와 얼음에 우유, 요구르트 등을 넣고 갈아 만든 음료. 슬러시보다 얼음 알갱이가 곱고 진한 맛이 특징이다.

셰이크
Shake

과일이나 주스 등에 아이스크림을 넣고 갈아 만든 음료. 아이스크림이 녹은 듯 부드러워 마시기도 쉽다.

프라페
Frappe

커피와 우유를 얼음 또는 아이스크림과 함께 갈아 만든 음료. 커피 외에도 다양한 재료를 넣어서 만든다. 아이스크림이 들어가는 경우 얼음은 적게 넣는 게 일반적이다.

펀치
Punch

각종 술에 과일이나 주스 등을 넣고 탄산수와 설탕시럽 등을 섞어 만든 음료. 술을 빼고 만들기도 하며, 파티를 할 때 가볍게 즐길 수 있다.

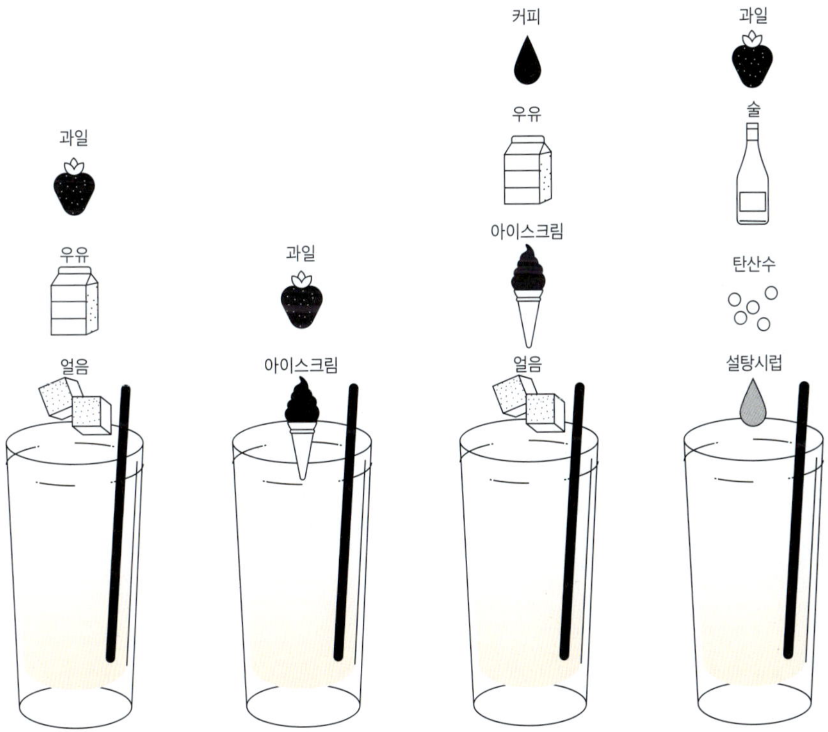

WARM-UP

워밍업

도구

잔

부재료

커피 스타일링

에스프레소 추출, 밀크 스티밍

2

카페음료를 만들기에 앞서 꼭 갖춰야 할 도구들을 소개한다. 매일같이 사용하는 도구들인 만큼 내구성과 기능성이 뛰어나면서 이왕이면 디자인도 예쁜 제품을 골라야 한다.

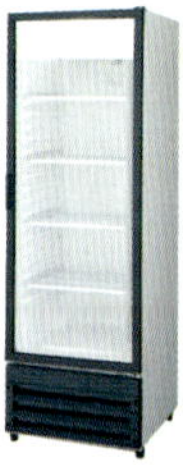

리치인 냉장고

부재료를 넣어두고 간편하게 꺼내 쓸 수 있는 세로형 냉장고

테이블 냉장고

테이블 형태의 서랍식 냉장고. 작업대로 활용 가능하다.

냉장 쇼케이스

각종 디저트나 시판음료 등을 진열하기 위해 사용하는 기기

미니오븐

가정에서 많이 사용하는 작은 사이즈의 오븐으로, 카페에서는 간단하게 베이킹을 할 때나 음식을 데우는 용도로 쓴다.

제빙기

얼음을 만드는 기계로 수랭식과 공랭식이 있다.

빙삭기

빙수처럼 분쇄한 얼음이 들어간 메뉴를 만들 때 사용하는 기기. 종류에 따라 입자 굵기에 차이가 난다.

블렌더

주로 프라페, 스무디 등 얼음을 갈아 음료를 만들 때 사용하는 기기

핸드 블렌더

재료를 갈거나 혼합할 때 사용하는 기기. 특히 생크림을 휘핑할 때 좋다. 일반 블렌더보다는 간편하게 쓸 수 있고, 보관도 쉽다는 것이 장점이다.

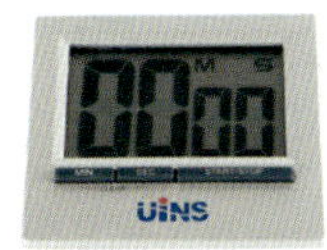

타이머

메뉴를 만들 때는 알맞은 시간을 지켜야 최상의 맛을 낼 수 있다.

온도계

메뉴를 만들 때는 알맞은 온도를 지켜야 최상의 맛을 낼 수 있다.

밀크피처

우유를 따뜻하게 데우거나 거품을 낼 때 필요한 기물. 사용 후 바로 세척해야 우유 찌꺼기가 남지 않고, 악취를 방지할 수 있다.

펌프

소스, 시럽 등 부재료가 일정한 양으로 나오게끔 용기의 입구에 장착하는 도구

스프레이형 휘핑크림

아산화질소 오용 논란으로 소형 카트리지 휘핑기 사용이 금지되면서 대안으로 떠오른 제품. 가스 장착 없이 노즐을 누르면 간단하게 휘핑크림이 만들어진다.

파우더통

각종 파우더를 보관하는 통. 파우더를 뿌려 음료 위에 다양한 그림을 그리고 싶을 때 쓴다.

시럽통, 소스통

대용량 용기에 든 소스나 시럽을 적당량 덜어 쓸 때 필요한 보관용 통. 종류가 다양해 용도에 따라서 적절한 것을 고르면 된다.

우유거품기

주로 우유거품을 만들 때 사용하며, 종류로는 수동거품기와 전동거품기가 있다.

셰이커

재료를 혼합할 때 사용하는 도구. 얼음을 넣어 섞으면 음료를 차갑게 만들 수 있다.

스퀴저

과일의 과즙을 짤 때 사용하는 도구

에칭 펜

라떼아트 기법 중 하나인 에칭을 할 때 사용하는 도구. 송곳처럼 끝이 뾰족하며, 재질과 모양은 매우 다양하다. 표면이 거칠어 그림을 선명한 표현이 가능한나무로 된 제품이 가장 많이 쓰인다.

얼음스쿱

제빙기 안의 얼음을 꺼낼 때 사용하는 도구. 사용 후에는 제빙기 안에 스쿱을 그대로 방치하지 않도록 주의한다.

아이스크림스쿱

아이스크림을 풀 때 사용하는 도구. 사이즈가 다양하다.

우유거품스푼

우유거품을 뜰 때 사용하는 스푼. 커핑스푼과 비슷하지만 가로 폭이 좀 더 넓은 주걱 모양이다.

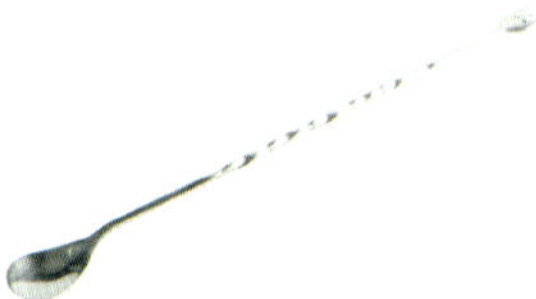

바스푼

음료 제조 시 각종 시럽, 소스 등을 넣거나 혼합할 때 사용하는 스푼으로, 손잡이 부분이 길다는 특징이 있다. 스푼의 반대쪽에는 포크가 달려있어서 가니쉬를 올릴 때도 유용하다.

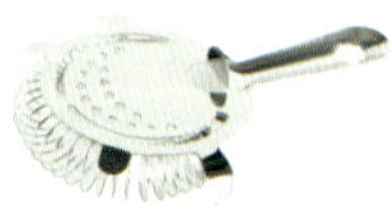

스트레이너

스트레이너는 크게 두 종류가 있다. 하나는 다 우려낸 찻잎을 거를 때, 나머지 하나는 얼음이 든 음료를 따를 때 사용한다. 재질은 다양한데 스테인리스 제품이 가장 실용적이며, 망이 촘촘할수록 고운 입자를 잘 걸러낸다.

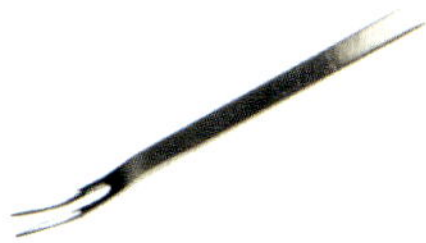

티포크

디저트를 먹을 때 쓰는 작은 포크

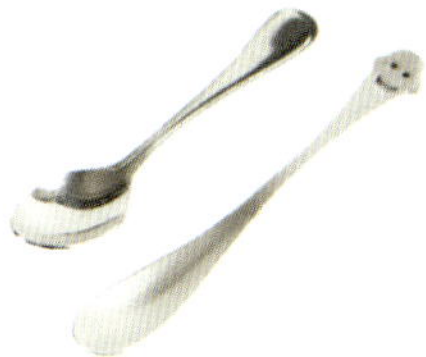

티스푼

커피나 홍차를 마실 때 쓰는 작은 숟가락. 티스푼(ts)은 용량 단위로도 사용된다.

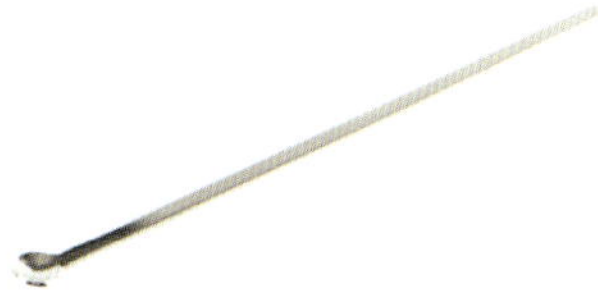

머들러

음료를 휘저을 때 쓰는 막대. 모양과 색깔이 다양해서 장식용으로도 사용된다.

밀크저그

메뉴에 곁들일 우유를 담을 때 쓰는 작은 용기. 도자기나 유리로 되어 있으며, 보통 따뜻하게 데운 우유를 담기 때문에 금방 식지 않도록 주둥이 폭이 좁은 제품을 선택하는 것이 좋다.

스틱설탕

일반 가정이나 카페에서 간편하게 사용하는 막대 모양의 설탕

슈거볼

커피나 홍차에 곁들일 설탕을 담는 작은 그릇으로, 테이블에 올려놓고 사용한다.

칵테일냅킨

카페에서 주로 사용하는 작은 정사각형 사이즈의 냅킨. 흰색이나 갈색으로 된 무지 냅킨이 가장 흔하고, 원하면 카페의 로고를 인쇄할 수도 있다.

도마, 과도

음료나 사이드 메뉴 등을 만들 때 사용할 과일, 채소 등을 손질할 때 이용한다.

트레이

메뉴를 제공할 때 사용하는 쟁반. 용도에 따라서 두세 가지 정도의 크기를 구비하는 것이 좋다.

컵받침

테이블에 자국이 남지 않도록 잔 밑에 까는 받침. 천, 나무, 종이 등 다양한 소재로 만들 수 있고, 컵받침을 소품으로 이용해 카페의 콘셉트를 표현할 수도 있다.

컵캐리어

음료를 담은 컵을 여러 개 가져가야 할 경우 사용한다.

테이크아웃잔, 컵홀더

음료를 테이크아웃할 때 사용하는 일회용 컵으로 일반 종이컵보다 약간 더 크다. 보통 뜨거운 음료는 종이컵에, 차가운 음료는 플라스틱 컵에 제공한다.
컵홀더는 뜨겁거나 차가운 음료를 손잡이가 없는 종이컵에 담을 경우 사람들이 쉽게 잡을 수 있도록 끼운다.

커피스틱

음료에 설탕이나 시럽 등을 넣고 섞을 때 사용하는 도구. 빨대로도 쓸 수 있다.

빨대

음료를 빨아올리는 데 쓰는 가는 대. 용도에 따라 굵기나 색상이 매우 다양하다. 환경 이슈가 계속 불거지면서 최근엔 친환경 소재로 만들어진 빨대가 필수 아닌 필수로 여겨진다.

Cup

잔

음식을 알맞은 그릇에 담아야 보기에도 먹기에도 좋듯, 음료도 어떤 잔을 사용하느냐에 따라 용량과 가격뿐 아니라 맛의 밸런스까지도 달라진다. 그만큼 적절한 잔을 선택하는 일은 매우 중요하다. 잔을 세척하고 보관하는 방법 또한 음료 맛에 영향을 미치기 때문에 잘 알아둬야 한다.

1 | 데미타세
60~80㎖

에스프레소를 기본으로 하는 메뉴를 담기에 좋은 잔. 용량이 적어서 내용물이 빨리 식는 것을 막기 위해 두껍게 제작되며, 소재로는 보온력이 좋은 도자기나 스테인리스를 사용한다.

2 | 더블에스프레소잔
140㎖

이탈리아에서는 도피오로 불린다. 데미타세보다 아래로 깊숙한 것이 특징이다.

3 | 모닝잔
160~180㎖

일반적인 잔이지만 최근에는 약간 더 큰 잔을 사용하는 경향이다.

4 | 머그잔

원통형의 잔이라는 뜻. 사이즈와 디자인이 매우 다양해서 활용도가 높다. 두께가 두툼해 보온력이 좋고, 입술에 닿는 부분이 살짝 벌어져 있어 마실 때의 느낌이 좋은 편이다. 직선형, 곡선형 그리고 가운데 부분이 살짝 들어간 장구 모양이 있다.

5 | 카푸치노잔
150~210㎖

카페라떼 잔보다 용량이 작아서 보다 진한 커피 맛을 느낄 수 있다.

6 | 찻잔

찻잔은 둘레가 꽃처럼 활짝 벌어진 모양을 하고 있는데, 덕분에 향을 풍부하게 느낄 수 있다.

7 | 카페오레볼
320㎖ 이상

보통 잔의 두 배 정도 되는 용량. 수프나 밀크티 등을 담는 데 쓰인다.

8 | 카페라떼잔
240~300㎖

카푸치노 잔과 비슷한 모양이지만 용량이 약간 더 커서 우유나 물이 들어간 부드러운 커피를 즐기기에 적합하다. 차나 핸드드립 커피를 담아도 좋다. 지름이 넓어서 라떼아트를 할 때도 알맞다.

9 | 테이크아웃잔

음료를 테이크아웃할 때 사용하는 잔. 뜨거운 음료는 종이로, 차가운 음료는 플라스틱으로 만든 투명한 잔에 담는다. 최근 친환경 소비에 대한 관심이 높아지면서 PLA컵, 리유저블 컵, 무표백 종이컵 등 친환경 용기를 사용하는 매장이 늘고 있다. 일회용 컵 보증금제 시행 지역의 카페라면 반드시 보증금 관리 시스템을 마련해야 하며, 브랜드 이미지를 고려해 재사용 가능한 컵홀더나 다회용 컵 대여 서비스도 검토할 필요가 있다.

10 | 아이스잔

아이스잔에는 얼음을 넣기 때문에 적당히 크기가 있고 손잡이 부분이 안정적인 것이 좋다. 시원한 느낌을 주기 위해 보통 유리잔을 쓰며, 용도에 따라 온도나 외부 충격에 강한 강화유리잔을 사용한다.

TIP

활용하기 좋은 유리잔 종류

많은 카페가 투명한 유리잔을 선호한다. 특히 아이스 음료를 유리잔에 담으면 재료가 섞이거나 층을 이루는 모습이 그 자체로 시각적 만족감을 준다.

이중 글라스 깨질 위험이 큰 유리잔의 특성을 보완하고자 개발됐다. 음료가 공중에 뜬 듯한 이색적인 비주얼로 눈길을 끌며, 표면이 뜨거워지지 않아 뜨거운 음료를 담기에도 적합하다.

플리츠 글라스 각진 디자인이 특징이다. 여러 각도에서 빛이 반사되며 음료의 색깔을 더욱 영롱하고 시원하게 보이게 하는 효과가 있다. 평범한 유리잔 대신 시각적 변화를 주고 싶을 때 좋은 선택이다.

고블릿 와인잔과 닮은 고블릿은 음료에 고급스러운 느낌을 더하고 싶을 때 제격이다. 얼음 가득한 아이스 아메리카노 등을 담기에 안성맞춤이다.

앰버 글라스 따뜻한 호박색을 띠는 잔. 어떤 종류의 음료를 담아도 잘 어울려 편안하고 안정적인 분위기를 연출할 수 있다.

커피 맛을 살리는 잔 선택법

용도에 따른 선택

따뜻한 음료인지 차가운 음료인지, 양이 많은 음료인지 적은 음료인지 고려해서 결정한다. 따뜻한 음료는 담기 전에 잔을 데워 열을 뺏기지 않도록 한다.

출처가 확실한 잔

잔은 우리가 먹는 음료를 담는 것이기 때문에 생산지, 판매원, 수입원 등이 명확한 제품을 사용해야 더 안전하다. 열악한 곳에서 만들어졌거나 질이 낮은 원료를 사용한 경우 몸에 해로운 물질이 남을 수 있다.

용량과 두께는 반비례

용량이 많을수록 온도가 쉽게 변하지 않아 비교적 두께가 얇은 잔을 주로 쓰고, 반대로 용량이 적으면 온도가 금방 변해서 잔은 두꺼운 편이다. 특히 쓴맛이 강한 커피는 식으면 쓴맛이 더 커지기 때문에 천천히 식는 두꺼운 잔을 사용하는 것이 좋다.

너무 얇은 잔은 금지

유리잔과 도자기잔 모두 어느 정도 두께가 있어야 온도가 유지되고 파손될 위험이 줄어든다.

찻잔은 얇은 잔에

차는 너무 뜨겁게 마시면 쓴맛이나 떫은맛이 강해져서 60~70℃로 마실 것을 권장하며, 때문에 적당히 식을 수 있게 얇은 잔에 담아낸다.

두께에 따라 변하는 맛

두께가 얇은 잔은 가볍고 산뜻한 맛을, 두꺼운 잔은 무겁고 중후한 맛을 잘 느낄 수 있다.

모양에 따라 변하는 맛

가장자리가 넓은 잔일수록 신맛을, 좁은 잔일수록 쓴맛을 잘 느낄 수 있다. 우리 혀는 좌우로 신맛을, 상하로 쓴맛을 느끼기 때문에 커피잔보다 머그잔으로 마셨을 때 쓴맛을 더 잘 느낀다. 또한 곡선형일수록 공기와 닿는 면적이 넓어 음료의 향기를 잘 느낄 수 있다.

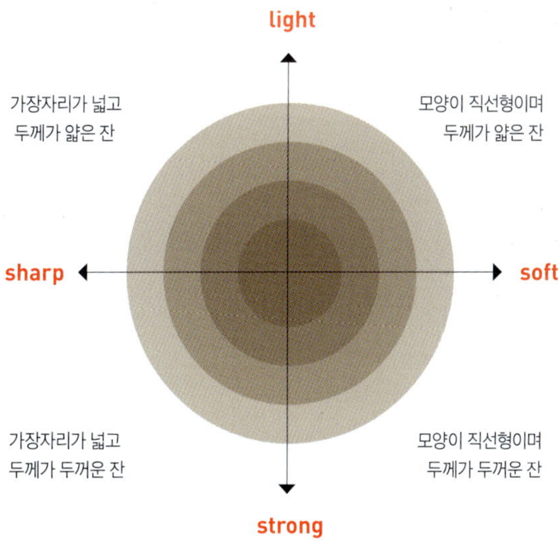

TIP

똑똑한 테이크아웃잔 선택법

- 컵 용량이 단가와 맛을 좌우하는 만큼 카페 콘셉트와 입지 특성, 메뉴 성격에 맞게 용량을 하나로 통일할 것인지, 나눌 것인지를 결정한다. 단일 용량일 경우 대부분 10oz나 13oz를 사용하는 편이지만 최근 들어 대용량에 대한 선호도가 높아짐에 따라 16oz 주문이 늘고 있다.
- 뜨거운 음료용인 종이컵은 누수가 없어야 하며 천연 펄프와 무형광으로 만든 것이어야 한다. 두께가 얇으면 뜨거운 음료를 담기에 알맞지 않으므로 두께가 적당한 것이 좋다.
- 차가운 음료용인 투명컵은 내용물이 선명하게 보여야 하므로 투명도가 얼마나 높은지 따져봐야 한다. 또한 투명컵의 뚜껑에는 평평한 것과 볼록한 것 두 종류가 있는데, 음료에 올리는 토핑에 따라 적절한 형태를 고르면 된다.
- 테이크아웃잔에는 카페 로고를 입혀 브랜드를 홍보할 수도 있기 때문에 디자인이 중요하다. 원하는 모양에 따라 제작비는 천차만별인데, 컵 자체에 인쇄하는 작업이 부담스럽다면 컵홀더에 인쇄하거나 스티커, 도장 등 다양한 방법을 활용한다.

오래오래 사용하는 잔 관리법

세척

- 도자기잔은 사용 후 빠른 시간 내에 세척하는 것이 변색을 막는 가장 좋은 방법이다.
- 미지근한 물에 베이킹소다를 풀어 부드러운 천 또는 스펀지로 문질러 닦으면 흠집 없이 깨끗하게 닦을 수 있다. 쌀뜨물과 굵은 소금, 식초, 치약 등을 사용해도 된다. 특히나 식초는 윤기를 내는 데, 치약은 잔의 옅은 오염을 지우는 데 유용하다. 철 수세미는 잔을 손상시킬 수 있으므로 되도록 피한다.
- 잔에 금이 가면 크랙이 생긴 부분에 세제나 음식물이 침투해 세균이 번식할 수 있으므로 즉시 폐기한다.
- 세척이 끝나면 마무리 단계로 1분 정도 잔을 뜨거운 물에 담가서 불순물을 소독한다.
- 유리잔은 물에 베이킹소다를 푼 다음 잠시 담가두면 윤기가 나는 효과가 있다.

보관

- 세척이 끝난 잔은 반드시 물기를 없앤다.
- 잔을 쌓아서 오랫동안 보관할 경우, 사이에 천이나 냅킨을 끼워서 잔이 손상되는 것을 막아준다. 그렇지 않으면 강도가 비슷한 잔이 서로 흠집을 내거나 단단히 끼어서 분리를 하기가 어려워질 수 있다. 너무 여러 개를 쌓아두는 것도 좋지 않다.

엎어서 보관하는 방법

물기가 머신 내부로 들어가고 가장자리 부분이 더러워진다는 단점이 있지만, 바닥에 리넨을 깔아주면 청결을 유지하는 동시에 물기를 없애고 잔 안쪽도 예열할 수 있다.

① 에스프레소 머신

머신은 상부에 열선이 있어서 워머로 활용할 수도 있다. 위치에 따라서 온도가 다른데, 내부 보일러와 가까운 곳이 온도가 높아 이곳은 주로 두꺼운 잔을 보관하기 적당하다. 최대한 물기를 세거한 뒤 올려두는 것이 좋고 여러 잔을 쌓아 올릴 경우 온도에 차이가 날 수 있다는 점을 알아야 한다.

세워서 보관하는 방법

커피잔은 바닥이 두꺼워 세워서 보관할 경우 컵을 전체적으로 예열하기가 어렵다. 잔 안쪽에 먼지나 이물질 등이 들어갈 수 있지만 가장자리 부분을 깨끗하게 유지할 수 있다는 장점도 지닌다.

② 뜨거운 물

이탈리아나 일본에서는 잔에 뜨거운 물을 담아서 보관하기도 한다. 이 방법은 청결을 유지하고 컵을 고르게 예열할 수 있다. 다만 메뉴를 빠르게 제조할 수 없어 규모가 큰 매장에는 적용하기 어렵다.

③ 워머

별도의 워머를 두면 메뉴에 따라 잔을 구분해서 보관하고 온도와 청결을 일정하게 유지할 수도 있다. 보통 40℃와 60℃ 사이에서 보관하며, 타워형과 평면형이 있다.

카페음료를 만들 때는 커피 외에도 여러 가지 부재료가 필요하다. 부재료 종류로 무엇이 있는지 찬찬히 살펴본 뒤 각각의 메뉴에 적합한 재료를 선택한다.

시럽
Syrup

설탕을 녹여서 향을 첨가한 액체. 다양한 음료에 두루 사용된다. 설탕시럽, 바닐라시럽, 캐러멜시럽 등이 대표적이며 그 밖에 다양한 종류가 있다. 제품의 당도가 너무 높으면 아무리 양을 줄여도 맛은 그대로 남고 향은 오히려 약해질 수 있어서 적절한 제품을 선택하는 것이 중요하다. 천연 향료가 들어간 것은 품질이 좋은 편이다.

TIP

설탕시럽 만들기

카페에서 가장 많이 사용하는 설탕시럽은 직접 만들어두면 원하는 당도의 맛을 내고, 비용을 절감할 수 있어 좋다. 냄비에 물과 설탕을 1:1 비율로 넣고 약한 불에서 끓이면 완성. 자체 제조 시에는 유리병 살균 및 냉상 보관을 철저히 해야 한다.

소스
Sauce

메뉴의 향미와 색깔을 내는 데 사용하는 걸쭉한 액체로, 주로 음료에 넣거나 토핑용 재료로 쓴다. 종류로는 초콜릿, 화이트초콜릿, 캐러멜 등이 있다.

파우더
Powder

각종 식료품의 맛과 향을 분말로 만들어 운반과 저장을 쉽게 한 것. 한번 포장을 뜯은 제품은 온도나 습도의 영향을 피해 밀봉해야 한다.

퓌레
Puree

과일을 으깨서 껍질과 씨를 걸러낸 다음 과육과 과즙을 졸여서 만든 걸쭉한 액체. 주스, 셰이크, 스무디 등 다양한 메뉴에 활용할 수 있으며, 각종 과일로 만든 퓌레가 시중에 판매되고 있다.

페이스트
Paste

농산물을 갈거나 으깨는 등 가공을 거쳐서 부드럽게 만든 것. 파우더보다는 재료 본연의 맛을 잘 살릴 수 있다.

연유
Condensed milk

우유를 농축해 만든 것. 음료에 단맛을 내고 싶을 때 사용하며, 커피와 어울리는 편이다. 종류로 가당연유와 무당연유가 있으며 달콤한 향미가 특징이다. 실온에서도 보관할 수 있지만 개봉한 후에는 냉장보관 해야 한다.

꿀
Honey

천연 감미료인 꿀은 각종 비타민과 미네랄이 풍부하고, 우리 몸의 신진대사가 활발히 이루어지게 하며 피로회복에 좋다. 다량의 꿀을 넣으면 음료 본연의 맛을 해치기 때문에 적당량을 사용하는 것이 좋다.

휘핑크림
Whipped cream

식물성 크림이 일반적이며 설탕 함유 여부에 따라 가당과 무가당으로 구분된다. 설탕이 들어있으며 유통기한은 긴 편이다. 동물성 생크림으로 거품을 낼 때보다 시간은 좀 더 걸려도 모양이 단단하기 때문에 쉽게 흐트러지지 않고 표면에는 윤기가 잘 흐른다. 하지만 첨가물이 들어있어 자연스러운 맛이 덜해 장식용에 적합하다.

생크림
Fresh cream

동물성 크림으로 설탕이 들어있지 않으며 유통기한도 짧은 편이다. 휘핑크림보다 고소하고 깊은 우유 맛이 나며 살짝 노란 빛을 띤다. 생크림은 휘핑크림으로 거품을 낼 때보다 정점에 빨리 도달해 시간이 덜 걸리지만, 유분과 수분이 금방 분리되면서 표면이 빠르게 거칠어진다. 유통기한은 길어야 일주일인데 이마저도 냉장고 상태나 보관법에 따라 줄어들 수 있어서 항상 주의해야 한다.

요구르트
Yogurt

우유에 유산균을 넣어서 발효시킨 것. 시중에 판매 중인 제품을 써도 좋지만 무설탕, 무지방이라는 표기가 적혀 있어도 식품라벨을 꼼꼼하게 읽고 구입해야 한다. 설탕 함량이 적은 제품이 건강에 좋은 건 당연지사. 조금 번거롭더라도 제조기를 이용하면 첨가물이 들어있지 않은 천연 요구르트를 만들 수 있다.

탄산수
Sparkling water

이산화탄소를 넣어 만든 물. 포함된 탄산의 양에 따라 맛이 달라진다. 첨가물이 전혀 없고 장운동을 촉진시켜 소화를 돕는 효과가 있다. 음료를 만들 때는 탄산수를 맨 나중에 넣어야 탄산이 날아가지 않는다.

알코올
Alcohol

음료에는 개인의 취향에 따라 술을 더 넣어도, 덜 넣어도 되며 무알코올 칵테일도 얼마든지 가능하다. 카페에서 사용하는 알코올은 와인, 브랜디, 깔루아 등이 있다.

초콜릿
Chocolate

카카오 매스에 우유, 버터, 설탕, 향료 등을 섞어서 굳힌 것. 음료에 활용할 때는 카카오 함량이 적은 초콜릿을 중탕해서 사용해야 달콤 쌉싸름한 초콜릿 향미를 깊이 있게 느낄 수 있다. 초콜릿 파우더는 대부분 장식용이므로 설탕이 들어있지 않아야 맛에 영향을 주지 않는다.

아이스크림
Ice cream

우유, 설탕, 달걀, 향료 등을 섞은 뒤 얼린 것으로, 음료에 넣어서 갈아주면 부드러운 맛이 더해진다. 아이스크림은 너무 차가우면 혀가 마비돼 맛을 느낄 수 없으므로 냉동실에 두었다면 잠시 꺼냈다가 사용하는 것이 좋다. 냉동실 냄새가 배고 성에가 끼는 것을 막으려면 아이스크림이 담긴 통에 랩을 붙여두면 된다.

젤라틴
Gelatin

젤리, 마시멜로, 아이스크림 등을 만들 때 사용하는 부재료로, 단백질이 주성분인 만큼 비타민과 무기질이 풍부한 과일을 곁들이면 잘 어울린다. 젤라틴을 굳힐 때는 온도가 높으면 변형되기 쉬우므로 10℃ 이하에서 작업하는 것이 좋고, 실온에서는 쉽게 녹아버리기 때문에 밀폐용기에 담아 냉장보관 한다.

과일
Fruit

각종 음료의 기본 재료인 과일. 음료는 과일의 당도에 따라 맛이 크게 달라지기 때문에 레시피를 구상할 때도 이 점을 고려해야 한다. 과일은 제철에 나는 것을 사용해야 가장 좋고, 과일이 숙성된 정도나 당도에 따라서 설탕, 시럽 등 단맛을 내는 재료의 양을 조절한다. 스무디나 셰이크를 만들 때는 과일을 미리 얼려서 쓰면 얼음과 시럽을 따로 넣지 않아도 과일의 진하고 생생한 맛을 낼 수 있다. 주스를 갈 때 생기는 껍질, 씨가 싫다면 체에 한번 걸러서 가벼운 느낌을 살린다.

TIP

과일청 만들기

과일청은 보통 과일과 설탕을 1:1 비율로 섞은 후 병이나 통에 넣어 담근다. 일주일에서 최대 한 달간 익히면 되는데, 이렇게 완성한 과일청은 탄산수나 술 등을 넣어 티, 에이드 등 다양한 음료에 활용할 수 있다. 과일청은 뜨거운 물로 소독한 유리병에 보관하는 것이 좋고, 어둡고 서늘한 곳에 둔다. 무른 과일일수록 숙성기간이 짧다.

심심해 보이는 평범한 음료에 작은 소품 하나만 더해도 전혀 다른 느낌을 연출할 수 있고 손님들의 선호도도 달라진다. 사소한 것 하나도 대충 내놓지 않으면 손님은 정성이 깃든 디테일에 감동하기 마련. 자신이 운영하는 카페의 개성을 메뉴에 표현하고 싶다면 다음의 플레이팅 방법을 참고하자.

가니쉬

음료의 모양을 살리기 위해 올리는 장식. 들어간 재료를 작게 잘라 잔 테두리에 꽂아줘도 되고, 음료 위에 휘핑크림이나 허브 잎을 올리거나 초콜릿파우더와 시나몬파우더 등을 뿌리는 방법도 있다.

빨대

빨대는 다양한 색상과 무늬가 있으며, 각각의 음료에 어울리는 것을 골라주면 더욱 먹음직스러워 보인다. 패턴이 그려진 종이나 예쁜 장식을 끼워 꾸며줄 수도 있다.

머들러

나무, 스테인리스, 유리 등 여러 가지 소재가 있다. 시나몬스틱도 머들러로 활용할 수 있다.

트레이

트레이에 아기자기한 소품과 초콜릿이나 비스킷 같은 간단한 디저트, 설탕, 우유, 시럽 등을 담은 그릇을 함께 세팅해 손님에게 제공하면 따뜻한 인상을 남길 수 있다. 아담한 나무도마도 트레이로서 손색없다.

컵홀더

잔에 홀더를 씌우면 기능뿐 아니라 홍보 면에서도 매우 유용하다. 맞춤제작이 부담스러울 때는 무지로 된 홀더에 카페 로고를 새긴 도장을 찍거나 스티커를 붙이는 것도 하나의 방법. 뜨거운 음료는 손뜨개나 부직포로 만든 것도 잘 어울린다.

컵받침(코스터)

카페 콘셉트에 어울리는 컵받침을 깔아 서빙하면 좋다. 소재로 손뜨개, 실리콘, 코르크, 펠트, 나무, 천 등이 있으며, 상황에 따라 카페 로고도 새길 수 있다.

'빠르다'는 의미를 지니는 에스프레소는 머신을 이용해 빠른 속도로 추출한 뒤 데미타세라는 작은 잔에 담아 제공한다. 신맛, 단맛, 쓴맛의 밸런스가 중요하며 사용하는 커피의 특징에 따라 다양한 맛을 표현할 수 있다. 에스프레소 추출에 있어서 어느 정도 기준이라는 것은 존재하지만 이때 커피 자체의 개성을 고려하지 않는다면 제대로 된 향미를 즐기기 어렵다. 따라서 에스프레소 추출에 앞서 먼저 커피를 잘 알아둘 필요가 있고, 이에 맞춰 추출조건을 바꿔 나가는 것이 좋다.

수치

곱게 분쇄한 커피 7~10g을 90~95℃의 물, 9bar의 압력으로 20~30초 동안 추출한 것을 말하며, 크레마를 제외했을 때 용량이 20~30㎖ 정도다.

맛

신맛, 단맛, 쓴맛 중 어느 하나도 기울지 않고 조화를 이뤄야 좋은 에스프레소가 된다. 이러한 에스프레소는 입안에 부드러운 촉감이 느껴지며, 마시고 난 후에는 애프터테이스트가 긴 여운을 남긴다.

외관

에스프레소는 황금색 거품인 크레마를 포함한다. 크레마는 수용성 거품과 지용성 오일이 결합된 것으로, 크레마의 색상, 두께, 밀도, 지속성은 에스프레소를 평가하는 기준이다.

메뉴

에스프레소는 하나의 독립된 메뉴로, 추출된 양에 따라서 리스트레또와 룽고로 나뉜다. 또한 포터필터의 더블 스파웃에서 추출한 에스프레소는 한 잔에 담아 도피오라는 메뉴로 불린다. 에스프레소는 그 카페가 사용하는 커피를 가장 잘 알 수 있는 메뉴이자, 모든 커피메뉴의 기본이기도 한 핵심적인 재료다.

리스트레또 Ristretto

'압축된'이라는 의미로, 에스프레소보다 양이 적은 반면에 농도는 진한 편이다. 카페마다, 커피마다 다르긴 하지만 주로 카페라떼에는 리스트레또를, 카푸치노에는 에스프레소를 사용한다.

룽고 Lungo

이탈리아어로 '길다'는 뜻으로, 에스프레소보다 좀 더 길게 추출해서 35~40㎖ 정도로 많은 양을 뽑는다. 커피와 물이 만나는 시간이 길고 최대한 많은 성분을 뽑아내기 때문에 카페인 함량이 더 높고 물맛이 강한 편이다. 기호에 따라 우유나 설탕을 넣어 마신다.

도피오 Doppio

두 배라는 뜻으로, 에스프레소 2샷을 말한다. 커피의 여운을 길게 느끼기에 좋으며 다른 베리에이션 커피메뉴를 좀 더 진하게 마시고 싶을 때는 도피오로 주문하면 된다.

포터필터 건조하기

도징

레벨링

탬핑

열수 흘리기

추출

품의 두께, 우유의 양과 온도를 이해해야 한다. 스티밍을 할 때는 1~1.5bar의 압력으로 스팀을 주는 것이 좋은데, 이는 머신에 있는 스팀 압력 게이지를 통해 확인할 수 있으며, 전체적인 스티밍 과정은 눈과 귀로 보고 듣고, 또 밀크피처를 쥔 손으로 온도를 감지하며 지켜봐야 한다. 전동 우유거품기나 프렌치프레스 등을 활용하면 아이스 메뉴에 어울리는 폭신폭신한 우유거품을 만들 수 있다.

스팀노즐 위치

스팀노즐이 중앙에 위치하거나 가장자리와 가까울 경우 회전이 정상적으로 이루어지지 않는다. 때문에 노즐은 30도 정도 기울인 상태로 표면의 1/3 지점에 1cm 정도만 담가야 한다. 우유가 넘칠 때는 노즐을 약 1cm 더 담그고, 중앙으로 살짝 노즐을 옮겨 조절한다.

스팀 각도

스팀을 가할 때는 우유 표면과 노즐 입구의 각도가 좁으면 회전이 잘되고, 넓으면 공기주입이 잘된다.

공기주입 및 회전

스티밍을 할 때 밀크피처를 아래로 내리면 우유 표면과 노즐 입구의 거리가 멀어지면서 공기가 주입되는데, 이때 거품이 생긴다. 좌우로 흔들림 없이 미세하게 움직여야 하며 꾸준한 연습을 통해 감을 익혀야 한다.

회전은 크게 혼합과 안정화 과정으로 나뉜다. 혼합은 우유와 거품이 골고루 섞여서 매끈한 우유거품을 만드는 것이고, 안정화는 거친 거품을 스팀과 회전을 통해 일정한 상태로 유지시키는 작업을 말한다.

온도

우유는 냉장보관해야 한다. 우유의 온도가 40℃를 넘어가면 단백질 변성이 시작되어 그 이후로는 안정적인 거품이 형성되지 않는다. 통상적인 우유 스티밍 온도는 55~70℃를 권장한다. 최근에는 유당불내증이나 비건 식단을 고려해 아몬드, 귀리, 코코넛 음료 등의 대체우유를 찾는 고객이 늘고 있다. 특히 귀리 음료는 스티밍 후 거품 유지력이 뛰어나 라떼용으로 적합하다.

스팀분출

스팀노즐 위치잡기

공기주입 및 회전

마무리

Coffee, Water, Milk, Sugar

커피와 물, 우유, 설탕

커피
Coffee

커피의 좋고 나쁨을 평가하는 보편적인 기준은 분명히 존재하지만 아무리 좋은 커피라 해도 현실적인 조건에 부합하지 않으면 언제까지 좋은 커피로 남을 수만은 없게 된다. 더욱이 카페 운영을 전제로 한다면 커피는 상대적인 평가를 받을 수밖에 없는 것일지도 모르겠다. 최고라 자부하는 커피도 카페가 놓인 상황에 따라 손님의 환호를 받을 수도, 외면을 당할 수도 있기 때문이다.

1. 타깃

커피 맛은 카페의 입지와 주요 타깃의 성향에 따라 정한다. 예를 들어 오피스가의 직장인들은 이른 아침 식사대용으로, 또는 출퇴근길 간단하게 목을 축이거나 점심식사 후 개운하게 입가심을 하기 위해 커피를 찾는다. 이렇게 매일같이 커피를 마시는 이들은 대부분 아메리카노나 라떼 메뉴를 찾기 때문에 지나치게 개성 있는 커피보다 무난하고 부드러운 커피가 알맞다.

최근에는 원두 고유의 특성을 살린 라이트 또는 미디엄 로스팅이 인기를 끌며, 블렌드보다 싱글 오리진을 선호하는 소비자가 늘고 있다. 에티오피아 내추럴이나 케냐 워시드처럼 향미 중심의 커피 스토리텔링이 중요한 선택 기준이 되고 있다.

2. 컵테스트

원하는 맛을 정한 후에는 실제로 판매할 주력 메뉴에 적용해 어떤 맛이 나는지를 파악하고, 주변의 반응을 살펴보는 컵테스트 과정을 거친다. 커피는 에스프레소로 마셨을 때와 물이나 우유 등을 섞었을 때의 결과가 천차만별이기 때문에 커핑이나 에스프레소 테스트만으로 맛을 확신하기에는 부족한 부분이 있다. 따라서 커피를 정하기 이전에 실제 사용할 잔에 레시피를 맞춰보는 작업이 먼저 이루어져야 한다. 손님들은 커피의 좋은 맛보다 나쁜 맛을 먼저 떠올리고, 더 오래 기억하는 성향이 있으므로 컵테스트는 좋은 맛을 찾기보다 나쁜 맛을 걸러내는 방식으로 진행한다.

3. 원두업체

원두를 납품받기로 했다면 업체를 잘 선정해야 한다. 가장 주의할 것은 명성이 평가의 유일한 잣대가 되어선 안 된다는 것이다. 업체의 규모와 추구하는 맛의 특징 등을 충분히 고려한 다음 자신의 여건에 맞게 소신껏 정해야 한다. 기본적으로는 안정적인 공급이 가능하고 두터운 신뢰관계가 다져진 곳인지를 따져봐야 한다. 그렇지 않으면 커피의 수급 여부에 따라 카페의 콘셉트를 꾸준하게 유지하기가 어려워진다. 또한 규모에 따라서 장단점이 다르기 때문에 이 역시 꼼꼼하게 살펴봐야 한다.

대형

규모가 큰 업체는 그린빈을 대량으로 저렴하게 구입하기 때문에 공급가 역시 낮게 책정될 수밖에 없다. 비슷한 커피를 취급하는데도 가격경쟁력이 앞서는 것이며, 규모가 크기 때문에 안정적인 공급이 가능하다. 하지만 종류가 어느 정도 정해져 있어서 원하는 커피를 찾기가 어려운 단점도 있다.

중소형

원하는 커피를 업체와의 논의를 거쳐 직접 주문, 생산할 수 있다는 것이 가장 큰 장점이다. 가격은 조금 비싸도 로스팅과 블렌딩을 내 매장에 최적화할 수 있어 개성을 표현하는 데 좋다.

4. 가격

아무리 좋은 원두도 값이 턱없이 비싸면 카페 운영에 타격이 크므로 예산이 허락하는 선에서 최상의 커피를 선택하는 것이 현명하다. 최저가보다는 업계 평균이라고 하는 적정가격을 지향하는 것이 좋다. 보통 최저가인 곳은 대부분이 신규업체들로, 가격경쟁으로 승부수를 띄우는 편이다.

> **TIP**
>
> **커피의 가장 큰 적은 빛과 산소**
>
> 커피는 산소와 접촉하는 빈도가 늘어나면 내부의 가스가 빠지고 산패가 일어나 맛과 향이 떨어진다. 커피에 닿는 빛은 열에너지로 전환, 산패를 가속화한다. 최근에는 진공 밀폐 보관통, 원웨이 밸브백 등 전문 보관 용기를 활용하는 카페가 늘고 있다. 산소 흡착제나 질소 충전 시스템을 활용해 원두의 산패를 늦추는 방식도 보급되는 추세다. 그럼에도 2~4주 이내 소진하는 것을 원칙으로 해야 한다.

물
Water

커피의 성분은 98%가 물이기 때문에 커피 품질에 있어서 물은 상당히 중요한 역할을 한다. 오염된 물은 향미뿐 아니라 시각적으로도 영향을 미치기 때문에 어떤 물을 사용할 것인지 신중하게 고민해야 한다.

1. 커피 추출에는 연수

우리가 사용하는 물에는 미네랄이 적은 연수와 미네랄이 많은 경수가 있다. 흔히들 미네랄이 많으면 좋다고 하지만 커피 맛에 있어서만큼은 방해가 될 수도 있다. 미네랄이 커피의 성분을 변화시켜 맛이 떨어지기 때문이다. 반면 연수는 미네랄 함량이 적어서 맛을 해칠 위험이 적은 편이다. 수돗물은 연수에 속하지만 염소가 들어 있어 특유의 냄새가 강하기 때문에 커피를 추출할 때는 반드시 끓이거나 정수해서 써야 한다.

2. 지속적인 필터 관리

수돗물을 사용할 수밖에 없는 한국의 사정상 정수는 꼭 필요한 절차로, 특히 수도관이나 머신 내부에 생기는 스케일을 방지하기 위해 반드시 거쳐야 한다. 하지만 정수기를 사용해도 필터를 지속적으로 관리해주지 않으면 품질을 유지할 수 없으므로 하루 사용량을 계산해서 필터를 교체할 시점을 예측하고 미리 대응해야 한다.

3. 머신의 물 온도 유지

머신의 물 온도가 커피 맛에 미치는 영향은 생각보다 큰데, 실제로도 커피의 로스팅 포인트에 따라 적정 온도가 달라서 온도가 적절하지 않으면 신맛이나 탄 맛이 진해진다.

우유
Milk

카페에서 판매되는 음료 중 약 80%에 달하는 메뉴에 우유가 들어간다. 우유는 단순한 부재료 이상의 가치를 지니는 것이다. 그럼에도 명확한 기준 없이 가격과 편의에 의존해 우유를 결정하는 카페가 대다수다. 품질이 낮은 우유는 커피 본연의 맛을 제대로 살리지 못할 뿐만 아니라 심한 경우에는 맛을 떨어뜨릴 수도 있기 때문에 우유도 충분한 검토 끝에 자신의 카페에 맞는 제품으로 선택해야 한다.

1. 테스트가 중요

우유는 종류에 따라 맛이 다르기 때문에 카페에서 사용할 커피와 함께 마셔보는 것이 중요하다. 되도록 다양한 업체의 제품을 맛본 뒤 가열취가 적은 것을 선택하는 것이 좋다. 그래야 커피의 향미가 더욱 풍부하게 느껴질 것이다.

2. 지방의 풍성한 맛

여느 식품과 마찬가지로 우유에서도 제일 맛있는 부분이 바로 지방이다. 저지방우유나 무지방우유가 맛이 깔끔하고 칼로리가 적기는 하지만 일반우유에서 느낄 수 있는 풍성한 맛이 부족한 것도 사실이다. 만약 사용하고 있는 우유에 풍부한 맛을 더하고 싶다면 생크림을 첨가해서 보다 깊고 부드러운 맛을 낸다.

3. 65℃의 비밀

밀크 스티밍을 할 때는 65℃ 이상으로 올라가지 않는 것이 좋다. 따뜻한 음료를 만든다고 그 이상으로 온도를 높이면 우유 본연의 고소한 맛을 느낄 수 없고 단백질은 응고되기 시작하며 이때 발생하는 가열취가 커피 맛을 망치는 결과를 불러올 수도 있다. 평소 우유는 차갑게 보관해야 한다. 그래야 미생물의 번식을 방지하고 스티밍을 시작할 때의 온도가 낮아 65℃까지 올라가는 시간을 늦추며, 더 고운 우유거품을 만들어낸다.

설탕
Sugar

커피에 설탕이나 설탕시럽 등을 넣어서 마시는 경우 설탕이 맛에 미치는 영향도 적지 않다. 설탕에는 열 개도 넘는 종류가 있지만 그중 음료에 넣어서 쓰는 것은 크게 네 개로 추릴 수 있다.

1. 중백당

갈색설탕. 갈색은 설탕이 제조되는 과정에서 생기는 자연스러운 색으로, 여기에 색소를 첨가해 만든 것이 흑설탕이다. 특별한 제약이 없이 두루두루 사용된다.

2. 정백당

백설탕의 정식명칭. 입자가 고운 편이라 주로 제과제빵에 쓰이는 편이며, 카페에서는 물에 녹여 설탕시럽을 만든다.

3. 각설탕

정백당을 육면체로 만든 설탕. 커피와 홍차에 넣을 때 사용하며 최근에는 육면체 외에도 다양한 모양이 나오는 추세다. 녹는 속도가 느리고, 형태가 단단하기 때문에 단맛을 조절하기 어렵다는 단점이 있다.

4. 얼음설탕

설탕 가운데 결정이 크고 순도가 높은 것. 맛이 좋고 녹는 속도가 느려 특히 과실주를 담글 때 사용하기 좋다.

TIP

설탕을 고를 때

중백당이나 정백당이 일반적이나 소량으로 단맛을 내기에는 얼음설탕이 가장 효과적이다. 카페에서 사용할 설탕은 음료와 만났을 때 맛을 서로 보완할 수 있는지 생각해보아야 한다. 다크 로스팅한 커피를 사용해 음료 맛이 진하면 당도가 높은 얼음설탕을, 라이트 로스팅한 커피를 사용해 음료 맛이 연하면 당도가 낮은 정백당이나 설탕시럽을 사용해 은은한 단맛을 내는 것이 적절할 듯하다.

RECIPE

레시피

커피 Coffee

논커피 Non-Coffee

프라페 Frappe

시그니처 크림라떼 Signature Cream Latte

스무디 Smoothie

주스 & 에이드 Juice & Ade

알코올 Alcohol

빙수 Shaved Ice

티 Tea

3

에스프레소 ♦ 에스프레소 콘 판나 ♦ 에스프레소 쇼콜라 ♦ 아메리카노 ♦ 카페라떼 ♦ 카푸치노 ♦ 플랫화이트 ♦ 캐러멜 마끼아또 ♦ 카페모카 ♦ 화이트카페모카 ♦ 큐브라떼 ♦ 얼그레이라떼 ♦ 썸머라떼 ♦ 토피넛라떼 ♦ 카푸치노로마노 ♦ 아인슈페너 ♦ 에스프레소 샤케라또 ♦ 아포가토 ♦ 돌체라떼 ♦ 코코넛라떼 ♦ 민트모카 ♦ 카페봄본 ♦ 바닐라라떼 ♦ 달고나라떼 ♦ 흑당라떼

COFFEE

커피

RECIPE 1

에스프레소

Espresso

'에스프레소'는 이탈리아어로 '빠르게'라는 뜻에서 유래된 이름이다. 고온·고압의 물로 짧은 시간 내에 커피의 풍미를 응축시켜 추출한 진한 커피를 의미한다.

잔 80㎖

ingredients

에스프레소 1샷

How to make

데미타세에 에스프레소를 추출한다.

TIP

- 원두 종류에 따라 산미 또는 바디감이 다르게 느껴질 수 있으므로, 손님의 취향에 맞는 블렌드를 추천해도 좋다.
- 설탕이나 물을 곁들여 제공하면 기호에 맞게 마실 수 있다.

에스프레소 콘 판나

Espresso Con Panna

이탈리아어로 '콘'은 '더하다', '판나'는 '크림'이라는 의미다. 즉 에스프레소 콘 판나는 에스프레소에 휘핑크림을 올린 커피를 뜻한다.

잔 80㎖

ingredients

에스프레소 1샷
휘핑크림 약간

How to make

1. 데미타세에 에스프레소를 추출한다.
2. ①에 휘핑크림을 올린다.

1

2

TIP

- 휘핑크림은 손님이 기호에 맞춰 양을 조절할 수 있도록 에스프레소와 따로 제공해도 좋다.
- 에스프레소와 휘핑크림을 함께 떠먹을 수 있도록 티스푼을 함께 서빙한다.

에스프레소 쇼콜라

Espresso Chocolat

'쇼콜라'는 프랑스어로 '초콜릿'을 뜻한다. 초콜릿과 휘핑크림을 넣어 씁쓸한 에스프레소를 부드럽고 달콤하게 즐길 수 있다.

잔 80㎖

ingredients

에스프레소 1샷
초콜릿 소스 15㎖
스팀 우유 40㎖
휘핑크림 약간
초콜릿 파우더 약간

How to make

1. 데미타세에 초콜릿 소스를 넣는다.
2. ①에 에스프레소를 추출한 후 스티밍한 우유를 채운다.
3. ②에 휘핑크림을 올린다.
4. 초콜릿 파우더로 마무리한다.

1

2

3

4

TIP

- 초콜릿 소스를 넣은 뒤엔 소스가 잔 한쪽에 몰리지 않도록 잔을 굴려준다.
- 손님에게 제공할 때는 초콜릿을 잘 녹인 후 마셔야 함을 안내하고, 티스푼을 함께 서빙한다.

아메리카노

Americano

에스프레소와 물을 섞어 연하게 마시는 커피를 말하며, 미국에서 처음 시작되어 '아메리카노'라 불린다. 물을 넣어 에스프레소 특유의 진한 농도는 희석되지만, 부드러워지며 맛이 살아난다. 에스프레소용 커피의 종류, 물의 비율 등에 따라 맛이 달라진다.

HOT
잔 300㎖

ingredients

뜨거운 물 200㎖
에스프레소 1샷

How to make

잔에 뜨거운 물과 에스프레소를 순서대로 넣는다.

ICE
잔 540㎖

ingredients

물 200㎖
얼음
에스프레소 2샷

How to make

잔에 얼음을 담고 물과 에스프레소를 순서대로 넣는다.

TIP

- 에스프레소와 물을 넣는 순서에 따라 맛이 조금씩 다르다. 에스프레소를 먼저 넣으면 커피가 물과 잘 섞여 맛이 균일하고, 나중에 넣으면 진한 크레마가 떠올라서 커피 향이 더 많이 나고 보기에도 좋다. 하지만 크레마로 인해서 생기는 거품을 싫어하는 손님들이 있을 수 있고, 충분히 섞지 않으면 처음에 몇 모금을 진하게 마셔야 할 수도 있다.
- 에스프레소는 커피의 블렌딩 방식과 볶음도 등 여러 변수에 따라 성분이 다르니 이에 맞게 물의 양을 조절한다.
- 아이스 아메리카노는 얼음이 녹으면서 연해지니 음료의 농도를 고려해 커피의 양을 조절하는 것이 좋다.

응용하기

- 아이스 아메리카노에 분쇄한 얼음을 담으면 천천히 녹아서 오랫동안 시원하게 마실 수 있고, 보기에 더 예쁘다. 또 커피와 얼음을 셰이킹해서 냉각시키면 청량한 기분을 느낄 수 있고, 거품이 생겨서 시각적으로도 색다른 연출을 할 수 있다.

카페라떼 Cafe Latte

'라떼'는 이탈리아어로 우유를 뜻하며, 카페라떼는 에스프레소와 우유가 조화를 이루는 커피다. 에스프레소와 우유의 비율에 따라 다양한 맛을 표현할 수 있으며, 보통은 비교적 큰 잔에 우유를 가득 넣어 고소한 맛을 살린다. 그러나 요즘은 작은 잔에 담아 커피의 진한 향미를 즐기는 이들이 느는 추세다. 메이플, 바닐라 등 여러 시럽을 넣어 응용할 수도 있다.

TIP

- 여러 잔을 만들 때는 우유를 먼저 따르고 거품을 올리면 일정한 양을 맞출 수 있다.

HOT
잔 270㎖

ingredients

에스프레소 1샷
스팀 우유 200㎖

How to make

1. 잔에 에스프레소를 추출한다.
2. 스티밍한 우유를 ①에 부어준다.

ICE
잔 540㎖

ingredients

에스프레소 2샷
우유 200㎖
얼음

How to make

1. 잔에 얼음을 채운 뒤 우유를 넣는다.
2. ①에 에스프레소를 붓는다.

1

2

응용하기

- 우유 거품을 살짝 올려 마무리하면 메뉴의 향미와 온도를 유지할 수 있다.
- 메이플, 바닐라, 캐러멜, 헤이즐넛 등 다양한 시럽을 활용하면 여러 가지 메뉴로 응용할 수 있다.

카푸치노

Cappuccino

이탈리아의 대표적인 커피 메뉴로, 에스프레소에 스팀 우유를 넣고 우유 거품을 올린 커피. 입술에 닿는 감촉이 부드럽고 커피 맛이 진하며 고소한 것이 특징이다. 기호에 따라서 시나몬 파우더, 코코아 파우더 등을 뿌려 마시기도 한다. 아직도 많은 사람이 카페라떼와 카푸치노의 차이를 시나몬 파우더로 알지만, 거품과 우유의 양에 따라 맛이 다르다는 점이 포인트다.

잔 200㎖

ingredients

에스프레소 1샷
스팀 우유 180㎖
시나몬파우더 약간

How to make

1. 잔에 에스프레소를 추출한다.
2. ①에 우유 거품을 충분히 올려준다.
3. ②에 나머지 우유를 부어 마무리한다.
4. 기호에 따라 시나몬 파우더를 뿌려 마무리한다.

1 2 3 4

TIP

- 에스프레소, 우유, 우유 거품의 비율을 1:1:1로 유지해 카페라떼와 다른 카푸치노의 개성을 살린다.
- 카푸치노는 거품의 양에 따라 드라이(Dry), 웻(Wet) 두 가지로 크게 구분된다. 드라이 카푸치노는 웻 카푸치노보다 우유의 양이 적지만 거품은 많아 커피농도가 진한 편이며, 작은 잔을 사용해 본연의 향미를 부각한다.

플랫화이트

Flat White

에스프레소에 스팀 밀크를 섬세하게 더해 만든 음료로, 카페라떼보다 우유 거품층이 얇고 커피의 진한 풍미가 더 두드러진다. 실크처럼 부드러운 질감과 균형 잡힌 맛이 매력적이다.

잔 200㎖

ingredients

에스프레소 1샷
스팀 우유 100㎖

How to make

1. 잔에 에스프레소를 추출한다.
2. ①에 스티밍한 우유를 넣고 거품을 아주 조금만 올린다.

2

TIP

- 소량의 우유를 스티밍해야 하므로 300㎖ 피처를 사용하는 것이 좋다.

응용하기

- 잔의 입구가 좁아서 라떼아트를 할 때는 화려한 패턴보다 심플한 패턴을 그리는 것이 좋고, 안정화를 충분히 해주어야 패턴이 망가지지 않는다.

캐러멜 마끼아또

Caramel Macchiato

캐러멜로 흔적을 남긴다는 의미를 지닌 커피. 캐러멜 마끼아또는 캐러멜 소스를 사용하거나 캐러멜 시럽을 사용하는 방법이 있으며, 무엇을 선택하느냐에 따라 재료 용량과 넣는 순서가 조금 다르다.

잔 430㎖

ingredients

에스프레소 2샷
스팀 우유 300㎖
캐러멜 소스 40㎖

How to make

1. 벨 크리머에 에스프레소, 캐러멜 소스를 넣어 잘 녹여준다.
2. 잔에 스팀 우유를 넣고 ①을 붓는다.
3. 캐러멜 소스로 드리즐한다.

2

3

TIP

- 소스는 에스프레소와 섞어준 다음 우유에 넣어야 잘 녹으며, 시럽은 묽기 때문에 바로 넣어도 된다.
- 휘핑크림은 기호에 따라 올리면 된다. 휘핑크림을 올릴 때는 단맛을 고려해 소스나 시럽의 양을 조절해야 한다. 만약 우유 거품을 올릴 생각이라면 캐러멜 소스를 이용해 에칭을 해도 좋다. 이때는 우유 거품으로 표면을 완전히 덮어야 깔끔한 모양을 그릴 수 있다.

응용하기

- 휘핑한 생크림을 얹으면 맛이 더욱 더 부드러워지고, 캐러멜을 잘게 썰어 올려주면 보기에 예쁘고 쫄깃한 식감도 느낄 수 있다.
- 캐러멜 소스를 사용할 때 음료에 바닐라 시럽을 더하면 당도에 큰 차이는 없지만, 향은 더 짙어진다.

카페모카

Cafe Mocha

초콜릿 향이 나는 예멘의 모카커피에서 영감을 얻어 탄생한 메뉴. 에스프레소, 우유에 초콜릿 소스로 풍미를 더했다. 카페모카는 대중적으로 친숙한 맛이라 커피를 처음 접하는 사람도 쉽게 마실 수 있어 좋다.

TIP

- 휘핑크림을 올릴 때는 단맛을 고려해 소스나 시럽의 양을 조절해야 한다.
- 초콜릿 소스와 초콜릿 파우더 모두 에칭이나 파우더 아트에 활용해 모양을 낼 수도 있다.
- 휘핑크림을 올리지 않을 때는 대신 우유 거품을 올려 마무리하는 것도 좋다.

HOT
잔 300㎖

ingredients

초콜릿 소스 30㎖
에스프레소 2샷
스팀 우유 200㎖

How to make

1. 벨 크리머에 초콜릿 소스와 에스프레소를 넣어 잘 녹여준다.
2. 잔에 ①을 넣는다.
3. ②에 스티밍한 우유를 넣는다.

1

2

3

ICE
잔 430㎖

ingredients

초콜릿 소스 40㎖
에스프레소 2샷
우유 150㎖
휘핑크림

How to make

1. 벨 크리머에 에스프레소와 초콜릿 소스를 넣고 녹인다.
2. 잔에 ①과 우유를 넣고 잘 저어준다.
3. ②에 얼음을 채우고 휘핑크림을 올린다.
4. 초콜릿 소스로 드리즐해 마무리한다.

2

3

4

화이트 카페모카

White Cafe Mocha

초콜릿 소스 대신 화이트 초콜릿 소스를 넣은 화이트 카페모카.
화이트 초콜릿 소스는 일반적인 초콜릿 소스에 비해 쓴맛이 적고 더 부드러운 맛이라 매력적이지만, 당도가 높아서 양을 조금 줄이는 것이 좋다.

HOT
잔 300㎖

ingredients

화이트 초콜릿 소스 30㎖
에스프레소 2샷
스팀 우유 200㎖
초콜릿 파우더

How to make

1. 벨 크리머에 화이트 초콜릿 소스와 에스프레소를 넣어 잘 녹인다.
2. 2. 잔에 ①과 스티밍한 우유를 넣는다.
3. 3. 초콜릿 파우더를 뿌려 마무리한다.

1

2

3

ICE
잔 430㎖

ingredients

화이트 초콜릿 소스 40㎖
에스프레소 2샷
얼음
우유 150㎖
휘핑크림
초콜릿 파우더

How to make

1. 벨 크리머에 에스프레소와 화이트 초콜릿 소스를 넣고 잘 녹인다.
2. 잔에 ①과 얼음, 우유를 넣고 잘 저어준다.
3. ②에 휘핑크림을 올린다.
4. 초콜릿 파우더를 뿌려 마무리한다.

2

3

4

큐브라떼

Cube Latte

물 대신 콜드브루를 얼려 활용하는 콜드브루 라떼의 업그레이드 버전. 얼음이 녹을수록 커피맛이 진해져 마지막 모금까지 맛있게 즐길 수 있다.

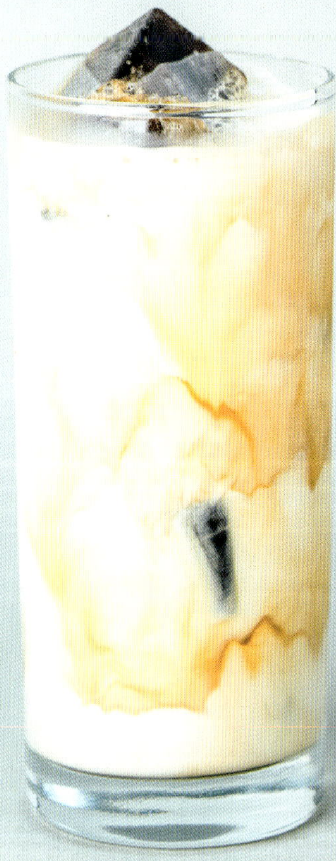

잔 500㎖

ingredients

콜드브루 얼음
우유 200㎖

How to make

1. 얼음 트레이에 콜드브루를 얼린다.
2. 잔에 ①을 넣는다.
3. ②에 우유를 넣는다.

2

3

응용하기

- 콜드브루뿐 아니라 에스프레소, 아메리카노, 카페라떼, 우유 등 다양한 재료를 얼려서 자신만의 방식대로 응용해도 좋다.
- 우유 거품을 만들어 올리면 맛이 더욱더 부드러워진다.

얼그레이라떼

Earl Grey Latte

카페라떼에 얼그레이 시럽을 첨가한 달콤한 음료. 얼그레이 시럽은 일반 설탕 시럽과 다르게 화사한 향과 독특한 단맛이 나 음료를 특별하게 만들어 준다.

잔 400㎖

ingredients

에스프레소 1샷
스팀 우유 170㎖
얼그레이 시럽 40㎖

Prepare

물 100㎖
설탕 100g
얼그레이 티백

How to make

1. 냄비에 물과 설탕을 1:1로 넣고 녹인다.
2. ①에 얼그레이 티백을 추가해 약불로 3분 정도 우려 얼그레이 시럽을 만든다.
3. 잔에 ②를 넣는다.
4. ③에 에스프레소를 넣는다.
5. ④에 스티밍한 우유를 넣어준다.

1

3

4

응용하기

- 얼그레이 외에도 다양한 티백을 활용해 새로운 시그니처 시럽을 만들 수 있다.

썸머라떼

Summer Latte

호주식 아이스 커피. 바닐라 아이스크림과 초콜릿 파우더를 더해 달콤함과 시원함을 살린 음료다.

잔 390㎖

ingredients

에스프레소 1샷
우유 130㎖
바닐라 아이스크림 1스쿱
얼음
초콜릿 파우더

How to make

1. 얼음을 담은 잔에 우유를 넣는다.
2. ①에 에스프레소를 넣는다.
3. ②에 바닐라 아이스크림을 올린다.
4. 초콜릿 파우더로 마무리한다.

1

2

3

4

TIP

- 아이스크림이 금방 녹지 않도록 사전에 잔을 차갑게 보관해두는 것이 좋다.
- 아이스크림을 푸기 전에 스쿱을 뜨거운 물에 살짝 담갔다가 사용하면 아이스크림을 깔끔하고 예쁘게 뜰 수 있다.

토피넛라떼

Toffee Nut Latte

'토피넛'이란 설탕과 버터, 밀가루 등을 혼합해 만든 '토피Toffee'에 아몬드·호두와 같은 견과류를 섞은 것을 말한다. 토피의 달콤함과 견과류의 고소함이 에스프레소, 우유와 잘 어우러져 꾸준히 사랑받고 있다.

TIP

- 파우더를 잘 녹이지 않으면 덩어리가 지고 맛이 연해진다.
- 아몬드 슬라이스, 호두 분태 등으로 가니쉬하면 음료의 고소함이 더욱더 살아난다.

응용하기

- 마무리로 휘핑크림을 올려도 좋지만, 이때는 음료의 당도를 고려해 파우더의 양을 줄이는 것이 좋다.

HOT
잔 300㎖

ingredients

에스프레소 2샷
토피넛 파우더 30g
스팀 우유 200㎖
아몬드 슬라이스 약간

How to make

1. 잔에 토피넛 파우더를 넣는다.
2. ①에 에스프레소를 넣고 잘 저어준다.
3. ②에 스티밍한 우유를 넣는다.
4. 아몬드 슬라이스로 마무리한다.

1 2 3 4

ICE
잔 370㎖

ingredients

에스프레소 2샷
토피넛 파우더 35g
우유 200㎖
얼음

How to make

1. 잔에 토피넛 파우더와 에스프레소를 넣고 잘 섞이도록 저어준다.
2. ①에 얼음을 넣은 뒤 우유를 붓는다.

1 2

카푸치노 로마노

Cappuccino Romano

과거 로마인들이 깨끗하지 않은 물에 레몬을 띄워 마신 것에서 유래한 최초의 향 커피인 카페 로마노의 카푸치노 버전. 에스프레소와 우유에 과일을 곁들임으로써 한결 산뜻한 맛을 느낄 수 있다.

잔 220mℓ

ingredients

오렌지 시럽 20mℓ
스팀 우유 200mℓ
에스프레소 1샷
오렌지 슬라이스 1개

How to make

1. 잔에 오렌지 시럽을 넣는다.
2. 스티밍한 우유를 ①에 붓는다.
3. ②에 에스프레소를 넣는다.
4. ③에 우유 거품을 잔 가득 채우고 오렌지 슬라이스를 올려 완성한다.

1

2

3

4

TIP

- 우유 거품이 풍성하게 올라가야 하는 음료이기 때문에 우유를 스티밍할 때 거품을 많이 내는 것이 좋다.

응용하기

- 가니쉬로 생과일 대신 오렌지 청을 활용하면 더욱더 달콤한 음료를 완성할 수 있다.

아인슈페너

Einspanner

에스프레소에 뜨거운 물과 생크림을 넣은 커피. '비엔나 커피Vienna Coffee', '카페 비엔나Caffe Vienna' 등으로 불린다. 아인슈페너는 '말 한 마리가 끄는 마차'란 뜻으로, 과거 오스트리아의 마부들이 달콤한 커피를 한 손에는 고삐, 한 손에는 커피를 들기 위해 고안한 음료라고 전해진다. 이후 대표적인 오스트리아 커피 메뉴가 되어 카페 비엔나로 불리게 되었다.

잔 200㎖

ingredients

에스프레소 1샷
뜨거운 물 120㎖
생크림

How to make

1. 잔에 뜨거운 물과 에스프레소를 넣는다.
2. 휘핑한 생크림을 가득 올린다.

1

2

TIP

- 생크림을 만들 때는 얼음으로 차게 식힌 볼을 이용하는 것이 좋다.
- 핸드 블렌더나 거품기가 없으면 냉각시킨 셰이커를 사용해 생크림을 만들 수 있다.

응용하기

- 아메리카노 대신 드립 커피를 넣어도 되지만, 커피가 너무 연하면 음료의 단맛이 강해질 수 있으니 커피를 진하게 추출하는 것이 좋다.
- 좀 더 부드러운 맛을 즐기고 싶다면 물 대신에 따뜻한 우유를 넣어보자.
- 휘핑한 생크림 대신 바닐라 아이스크림을 넣는 방법도 있다.

샤케라또 Espresso Shakerato

이탈리아어로 '흔들다'는 뜻을 가진 음료. 얼음, 에스프레소, 설탕 시럽을 셰이킹한 후 샴페인 잔처럼 길고 가는 유리잔에 담아내면 커피와 거품이 층을 이루어 고급스러운 분위기를 자아낸다.

잔 210㎖

ingredients

에스프레소 2샷
설탕 시럽 30㎖
얼음

How to make

1. 셰이커에 에스프레소, 얼음, 설탕 시럽을 넣고 셰이킹한다.
2. 잔에 ①을 넣는다.

1 2

TIP

- 거품이 충분히 나올 때까지 셰이킹해야 한다.
- 스트레이너를 이용하면 음료가 더욱더 부드러워진다.

응용하기

- 기호에 따라 바닐라, 캐러멜 등 시럽을 활용하는 방법도 있다. 다만, 향이 첨가된 시럽은 20㎖ 정도로 설탕 시럽보다 적게 넣는 것이 좋다.
- 시럽 대신 설탕을 넣어서 섞으면 거품의 밀도가 높아진다.

아포가토

Affogato

'아포가토'는 '빠지다'라는 뜻의 이탈리아어로, 진하게 추출한 에스프레소에 아이스크림을 올리거나 아이스크림에 뜨거운 에스프레소를 부어 먹는 이탈리아의 대표적인 디저트다.

잔 244㎖

ingredients

에스프레소 2샷
바닐라 아이스크림 3스쿱
초콜릿 파우더 약간
아몬드 슬라이스 약간

How to make

1. 준비된 그릇에 바닐라 아이스크림을 담는다.
2. ①에 초콜릿 파우더, 견과류 등을 토핑한다.
3. 에스프레소를 따로 준비하고 먹기 전 ② 위에 부어준다.

1

2

3

TIP

- 에스프레소를 부어서 제공할 경우 처음에는 잔의 벽을 타고 흐르도록 조심스럽게 붓고, 1/3 정도는 아이스크림 위에 부어준다.

응용하기

- 초콜릿, 녹차 등 다양한 맛의 아이스크림을 활용해도 좋다.
- 쿠키나 견과류를 이용해 토핑하면 다채롭게 연출할 수 있다.

돌체라떼

Dolce Latte

'돌체Dolce'는 이탈리아어로 '달콤한'이라는 뜻. 에스프레소와 연유, 무지방 우유가 어우러져 깔끔하면서도 부드럽게 단맛을 즐길 수 있는 라떼다.

HOT
잔 280mℓ

ingredients

에스프레소 2샷
연유 30g
무지방 우유 200mℓ

How to make

1. 데미타세에 에스프레소를 추출한다.
2. 추출된 에스프레소에 연유와 무지방 우유를 넣고 부드럽게 섞는다.

TIP

- 연유와 일반 우유를 함께 사용할 경우 유지방 성분에 예민한 사람은 소화 장애를 겪을 수 있어 무지방 우유를 권장한다.

ICE
잔 500mℓ

ingredients

에스프레소 2샷
연유 30g
무지방 우유 200mℓ
얼음

How to make

1. 잔에 연유를 넣는다.
2. ①에 얼음, 우유, 에스프레소 순으로 넣는다.

1

2

3

코코넛라떼

Coconut Latte

코코넛 파우더의 고소함과 에스프레소가 어우러진 이국적인 풍미의 라떼. 코코넛 칩을 더해 식감도 살아 있다.

잔 280㎖

ingredients

에스프레소 2샷
코코넛 파우더 45g
우유 180㎖
코코넛칩

How to make

1. 데미타세에 에스프레소를 추출한다.
2. 에스프레소에 우유와 코코넛 파우더를 넣고 잘 섞는다.

1

2

민트모카

Mint Mocha

상쾌한 민트초콜릿 파우더와 깊은 에스프레소의 만남. 부드러운 우유와 어우러져 깔끔하면서도 달콤한 맛을 자아낸다.

잔 280㎖

Ingredients

에스프레소 2샷
민트초콜릿 파우더 50g
우유 200㎖

How to make

1. 에스프레소에 민트초콜릿 파우더를 넣고 잘 섞는다.
2. ①에 스티밍한 우유를 넣고 잘 섞는다.

1

2

카페봄본

Cafe Bombcn

에스프레소와 연유를 1:1 비율로 섞어 진한 단맛과 쌉싸름함이 조화를 이루는 스페인식 커피.

잔 120㎖

ingredients

에스프레소 1샷
연유 30㎖

How to make

1. 잔에 연유를 넣는다.
2. 에스프레소를 천천히 부어 층을 이루도록 한다.

1

2

TIP

- 연유와 에스프레소를 섞지 않고 층을 유지하면 비주얼과 풍미 모두 살아난다.

바닐라라떼

Vanilla Latte

에스프레소와 바닐라 시럽, 우유가 어우러진 기본 라떼. 누구나 좋아하는 클래식한 달콤함을 자랑한다.

HOT
잔 240㎖

ingredients

에스프레소 2샷
우유 200㎖
바닐라 시럽 30㎖

How to make

1. 잔에 에스프레소와 바닐라 시럽을 넣는다.
2. ①에 우유를 붓고 잘 섞는다.

2

3

ICE
잔 500㎖

ingredients

에스프레소 2샷
우유 200㎖
바닐라 시럽 30㎖
얼음

How to make

1. 잔에 바닐라 시럽을 넣는다.
2. ①에 얼음과 우유, 에스프레소를 차례로 넣는다.

1

2

달고나라떼

Dalgona Latte

휘핑한 인스턴트 커피 크림이 부드럽게 떠 있는 인기 메뉴. 고소하고 달콤한 맛이 우유와 어우러진다.

잔 500㎖

ingredients

인스턴트 커피 30g
설탕 30g
뜨거운 물 30㎖
우유 180㎖
얼음

2

3

How to make

1. 볼에 인스턴트 커피, 설탕, 뜨거운 물을 넣고 휘핑해 커피크림을 만든다.
2. 잔에 얼음과 우유를 넣고 ①을 올린다.

TIP

- 커피크림은 시원한 환경에서 휘핑하는 것을 권장한다.
- 시나몬 가루나 잘게 부순 달고나를 토핑하면 더욱 풍부한 맛을 즐길 수 있다.

흑당라떼

Brown Sugar Latte

달콤한 흑당 시럽과 진한 에스프레소, 부드러운 우유가 층을 이뤄 맛과 비주얼 모두 만족스러운 라떼.

잔 300㎖

ingredients

에스프레소 2샷
흑당 시럽 15㎖
우유 150㎖
휘핑크림 10㎖
얼음 적당량

How to make

1. 우유와 휘핑크림을 섞어 크림 베이스를 만든다.
2. 컵에 흑당 시럽을 바닥에 붓고 컵 안쪽을 한 바퀴 돌려 코팅한다.
3. 얼음을 넣고 ①과 에스프레소를 순서대로 붓는다.
4. 컵 테두리에 흑당 시럽을 두 바퀴 더 뿌려 마무리한다.

1

2

3

TIP

- 제공 직전 시럽과 음료를 살짝 저어 주면 더 고르게 즐길 수 있다.

Latte art

라떼아트

한층 더 수준 높은 서비스를 위한 라떼아트. 커피의 미각과 후각뿐 아니라
시각적인 즐거움도 더해 손님들에게는 더 큰 만족감을 선사한다.

프리푸어링
Free pouring

에스프레소에 우유를 붓는 동시에 손을 움직여서 신속하게 깔끔한 모양을 내는 방식으로 카페에서 많이 활용된다. 종류로는 동그라미, 하트 같은 고정적인 디자인과 튤립과 로제타 등 유동적인 디자인이 있다. 메뉴의 성격과 우유 양을 고려해 알맞은 디자인을 선택하면 된다.

1. 흔들기

밀크피처를 좌우로 흔들어 커피 위에 선명한 라인을 만드는 것으로 보통 로제타를 그릴 때 사용하는 기법이다. 밀크피처를 균일하게 움직이고 우유를 과감히 붓는 기술이 있어야 한다.

2. 제자리 붓기

밀크피처와 잔의 각도를 조절해 디자인을 완성하는 방식. 스팀우유가 잘 혼합되어 있는 상태여야 하며, 잔의 기울기가 특히 중요하다. 기본적인 디자인인 동그라미, 하트 등이 여기에 속한다.

3. 가늘게 붓기

디자인을 마무리할 때 사용하는 기법. 스팀우유를 끊어지지 않고 가늘게 부어야 깔끔하게 마무리할 수 있다. 밀크피처와 잔의 거리를 적당히 조절하는 것이 중요하며, 주로 로제타와 하트 등의 가운데 줄기를 그릴 때 쓴다.

COLUMN

에칭
Etching

끝이 날카로운 도구를 사용해 우유거품이나 초콜릿소스를 긁어서 선으로 그림을 그리는 방법을 말한다. 프리푸어링보다 비교적 쉬우며, 화려한 느낌을 표현할 수도 있다. 라떼아트의 에칭도구는 재질과 모양에 따라 다양한 종류가 있고, 대부분 나무나 스테인리스로 되어 있다.

1. 초콜릿 에칭

갈색 크레마와 흰색 우유거품, 검은색 초콜릿소스가 조화를 이루는 디자인. 카페모카, 핫초콜릿 등 초콜릿소스와 우유가 들어가는 메뉴에 활용 가능하며, 다채로운 모양을 표현할 수 있다는 장점을 지닌다.

2. 우유거품 에칭

크레마 위에 우유거품으로 여러 가지 그림을 그리는 것. 우유를 넣는 모든 메뉴에 활용할 수 있으며, 초보자가 금방 따라할 정도로 쉽다.

파우더아트
Powder art

커피 위에 원하는 모양의 틀을 올려 파우더를 뿌리는 것으로, 분위기에 맞게 다양한 그림을 간편하게 연출할 수 있다. 틀을 직접 만들어도 되고, 전용 데코레이터를 파우더 통 입구에 끼워서 그대로 뿌려도 된다.

초콜릿라떼 ✦ 그린티라떼 ✦ 고구마라떼 ✦ 단호박라떼 ✦ 마론라떼 ✦ 딸기라떼 ✦ 망고라떼 ✦ 말차라떼 ✦ 로얄밀크티 ✦ 곡물라떼 ✦ 민트초콜릿라떼 ✦ 피넛버터라떼

NON-COFFEE

논커피

RECIPE 2

Iced Tea
Coconut, Apple, Lime
& Peppermint
350ml
Paori
Caffeine-Free
The beverage, curated by Paori, Focuses on various but well-balanced tastes
and the highest quality. Keep refrigerated and after opening, eat quickly.
Bottled by Paori, Seoul, South Korea (04596) @paori_seoul

초콜릿라떼

Chocolate Latte

초콜릿 소스와 파우더 두 가지를 모두 사용해 초콜릿 특유의 달콤 쌉싸름한 풍미를 가득 담아낸 음료.

HOT
잔 240㎖

ingredients

초콜릿 소스 30㎖
초콜릿 파우더 20g
스팀 우유 200㎖

How to make

1. 잔에 초콜릿 소스, 초콜릿 파우더를 넣는다.
2. ①에 스티밍한 우유를 넣어 잘 녹여준다.

1

2

ICE
잔 500㎖

ingredients

초콜릿 소스 30㎖
초콜릿 파우더 20g
우유 200㎖
얼음

How to make

1. 잔에 초콜릿 소스, 초콜릿 파우더에 넣고 소량의 스팀 우유를 부어 잘 녹인다.
2. ①에 얼음을 채우고 우유를 넣는다.

1

2

TIP

- 초콜릿 소스와 초콜릿 파우더를 녹일 때 스팀 우유 대신 소량의 온수를 사용해도 된다.

응용하기

- 소스나 파우더 대신 초콜릿을 중탕해 사용하면 풍미가 더욱 좋아진다.
- 우유 거품을 풍성하게 올리면 더욱 더 부드럽게 즐길 수 있다.

그린티라떼

Green Tea Latte

녹차와 우유가 만나 고소하면서도 쌉싸름한 녹차 향이 여운을 남기는 음료.

HOT
잔 330㎖

ingredients

녹차 파우더 30g
스팀 우유 250㎖

How to make

1. 잔에 녹차 파우더와 스팀 우유 소량을 넣어 잘 녹여준다.
2. ①에 나머지 스팀 우유를 부어준다.

1

ICE
잔 430㎖

ingredients

녹차 파우더 30g
우유 200㎖
얼음

How to make

1. 잔에 녹차 파우더와 소량의 뜨거운 물을 넣고 녹인다.
2. ①에 얼음을 넣고 우유를 붓는다.

2

TIP

- 녹차 파우더는 설탕과 분말녹차의 함량에 따라 맛이 다르니, 이 부분을 반드시 확인한 후 제품과 용량을 선택해야 한다. 분말녹차 함량이 높을수록 맛은 진해지지만 단맛이 줄어들고 텁텁해질 수 있다.

응용하기

- 에스프레소를 넣으면 그린티 카페라떼로도 응용이 가능하다. 단, 에스프레소를 마지막에 넣어야 색깔이 변하지 않는다.
- 가루녹차나 말차에 아가베 시럽, 꿀 등을 활용하면 퀄리티를 더욱 높일 수 있다.
- 녹차 외에도 차이티, 블랙티 등 여러 파우더나 시럽 등을 활용하면 다양한 메뉴로 변화를 줄 수 있다. 잎차나 티백을 우려서 만드는 방법도 있다.

고구마라떼

Sweet Potato Latte

달콤한 고구마에 고소한 우유를 더해서 만든 음료. 쌀쌀한 겨울에 즐기기 제격이다.

잔 300㎖

ingredients

고구마 페이스트 75g
스팀 우유 200㎖

How to make

1. 잔에 고구마 페이스트를 넣는다.
2. ①에 스티밍한 우유를 넣고 고구마 페이스트를 잘 녹여준다.

1

TIP

- 삶은 고구마 대신 파우더나 페이스트 등 부재료를 활용하면 간단하게 메뉴를 완성할 수 있다.

응용하기

- 아몬드나 호두 등 견과류를 잘게 부숴 토핑으로 올려주는 것도 좋다.

단호박라떼

Sweet Pumpkin Latte

단호박의 맛과 향이 그대로 살아있는 라떼.

잔 400㎖

ingredients

단호박 페이스트 90g
스팀 우유 250㎖

1

How to make

1. 잔에 단호박 페이스트를 넣는다.
2. 스티밍한 우유를 넣어 단호박 페이스트를 잘 녹여준다.

응용하기

- 페이스트, 우유, 얼음 등을 블렌더에 넣고 갈아 프라페로 만드는 것도 가능하다.

마롱라떼

Marron Latte

달콤하고 고소한 밤의 맛이 은은하게 느껴지는 포근한 음료

잔 400㎖

ingredients

밤 페이스트 60g
스팀 우유 160㎖

How to make

1. 잔에 밤 페이스트를 넣는다.
2. ①에 스티밍한 우유를 넣고 밤 페이스트를 잘 녹여준다.

1

딸기라떼

Strawberry Latte

우유에 딸기 과육을 넣어서 만든 음료. 일반적인 딸기스무디보다 질감이 훨씬 부드러우며, 생생한 과육이 씹는 맛을 더해준다.

잔 500㎖

ingredients

냉동 가당 딸기 150g
딸기 소스 20g
우유 230㎖
얼음

2

How to make

1. 계량컵에 해동한 냉동 가당 딸기와 딸기 소스를 넣고 섞어 딸기 베이스를 만든다.
2. 잔에 ①과 얼음, 우유를 넣는다.

응용하기

- 분쇄한 얼음이나 딸기를 올려 장식해도 좋다.
- 기호에 따라 휘핑크림이나 딸기 아이스크림을 올려도 된다.

망고라떼

Mango Latte

부드러운 망고의 과육이 살아있는 달콤하고 시원한 음료

잔 500㎖

ingredients

냉동 망고 70g
망고 소스 100g
망고 베이스 170g
우유 230㎖
얼음

2

How to make

1. 계량컵에 잘게 자른 냉동 망고와 망고 소스를 넣고 섞어 망고 베이스를 만든다.
2. 잔에 ①, 얼음과 우유를 넣는다.

TIP

- 기호에 따라 시나몬 파우더를 소량 첨가해도 좋다.

말차라떼

Matcha Latte

100% 말차 특유의 쌉싸름한 맛과 진한 풍미를 차가운 우유와 함께 즐기는 프리미엄 라떼.

잔 240㎖

ingredients

말차 파우더 35g
온수 20g
우유 200㎖
얼음 150g
말차 파우더 소량

How to make

1. 말차 파우더에 온수를 넣고 잘 풀어준다.
2. 컵에 얼음을 채운 뒤 우유를 붓는다.
3. 말차 농축액을 우유 위에 천천히 부어 층을 만든다.

2

3

TIP

- 얼음 위에 말차를 부으면 층이 더욱 선명해진다.

로얄밀크티

Royal Milk Tea

홍차를 직접 우유에 끓여 깊은 풍미를 우려낸 정통 스타일 밀크티.

잔 240㎖

ingredients

로얄밀크티 베이스 80g
우유 120㎖

How to make

1. 잔에 로얄밀크티 베이스를 넣는다.
2. ①에 스티밍한 우유를 붓고 잘 섞어 제공한다.

1

2

TIP

- 베이스는 미리 만들어둔 뒤 냉장보관해도 좋다.
- 진한 풍미를 위해 섞을 때 충분히 저어준다.

곡물라떼

Grain Latte

고소한 곡물의 풍미가 우유와 조화롭게 어우러지는 든든한 웰빙 라떼.

잔 240㎖

ingredients

오곡 파우더 40g
뜨거운 물 30㎖
우유 200㎖

How to make

1. 오곡 파우더에 뜨거운 물을 넣고 잘 풀어 농축액을 만든다.
2. 따뜻하게 데운 우유를 붓고 고루 섞는다.

1

2

TIP

- 설탕 또는 연유를 소량 추가하면 더욱 달콤하게 즐길 수 있다.
- 시나몬 파우더나 콩가루 토핑으로 고소함을 강조할 수 있다.

민트초콜릿라떼

Mint Choco Latte

청량한 민트와 달콤한 초콜릿이 어우러진 부드럽고 독특한 라떼.

잔 240㎖

ingredients

우유 200㎖
민트 초콜릿 파우더 50g
스팀 우유 50㎖
얼음

3

How to make

1. 잔에 얼음과 우유를 넣는다.
2. 스팀 우유에 민트 초콜릿 파우더를 넣고 잘 섞는다.
3. ①에 ②를 천천히 부어준다.

TIP

- 파우더를 충분히 풀어줘야 민트 향이 균일하게 퍼진다.

피넛버터라떼

Peanut Butter Latte

고소한 땅콩버터와 부드러운 우유, 달콤한 캐러멜이 조화를 이루는 진한 풍미의 라떼.

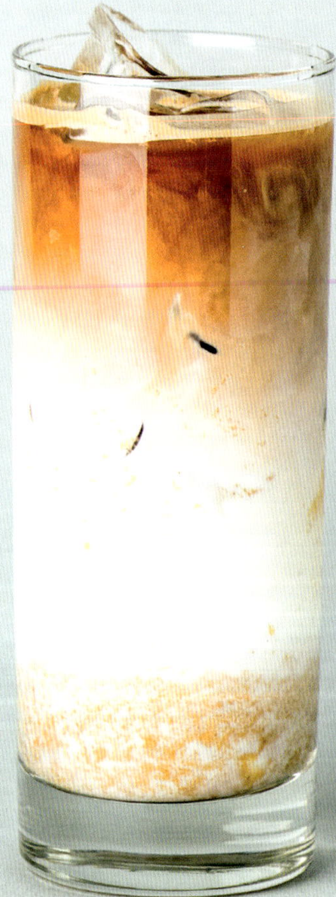

잔 240㎖

ingredients

에스프레소 60㎖
우유 150㎖
땅콩버터 20g
캐러멜 시럽 15㎖
얼음

How to make

1. 잔에 땅콩버터와 캐러멜 시럽, 소량의 우유를 넣어 잘 섞는다.
2. ①에 얼음, 우유, 에스프레소 순으로 넣는다.

1

2

TIP

- 토핑으로 견과류를 살짝 올리거나 시나몬 파우더를 뿌리면 풍미가 더해진다.

Cold Brew

콜드브루

콜드브루란 차가운 물로 천천히 내린 커피를 말한다. 17세기 네덜란드 국민들이 식민지였던 인도네시아 자바에서 같은 방식으로 커피를 내려 마신 것에서 유래한다. 하지만 이러한 설에 대한 문헌적 근거는 아직 명확하게 밝혀지지 않았다. 우리나라에서는 더치커피라는 이름으로 잘 알려져 있으나, 국제적으로는 콜드브루 또는 워터드립으로 불린다.

콜드브루는 크게 침출식과 드립식 두 가지로 나뉜다. 침출식은 차가운 물에 분쇄한 원두를 넣고 하루 냉장에서 숙성시킨 다음 필터에 걸러서 마시는 것을 말한다. 드립식은 가장 일반적인 방식으로, 분쇄 원두에 일정 간격으로 물을 떨어뜨려 커피를 내리는 방법을 말한다. 드립식으로 내린 콜드브루는 원액에 가까울 정도로 진해서 물이나 우유에 희석해 마신다.

콜드브루의 특징
Feature of Cold Brew

에스프레소에 우유를 붓는 동시에 손을 움직여서 신속하게 깔끔한 모양을 내는 방식으로 카페에서 많이 활용된다. 종류로는 동그라미, 하트 같은 고정적인 디자인과 튤립과 로제타 등 유동적인 디자인이 있다. 메뉴의 성격과 우유 양을 고려해 알맞은 디자인을 선택하면 된다.

- 차가운 물로 내리는 만큼 커피오일이 적게 추출되어 에스프레소나 핸드드립보다 깔끔한 맛이 좋고, 커피가 지닌 본연의 향도 그대로 살아 있는 편이다.
- 끓이지 않은 물로 내려서 다른 커피보다 보관하기 쉽고, 추출 후 바로 마셔야 한다는 부담도 없다. 밀봉만 잘하면 냉장에서 최대 2달까지 보관할 수 있으며, 때에 따라서는 오히려 어느 정도의 숙성 기간을 거쳐야 맛이 좋아지기도 한다.
- 기구만 있으면 비교적 간단한 방법으로 커피를 내릴 수 있다. 하지만 추출의 세부적인 포인트를 조정하기가 까다롭다는 어려움도 있다.
- 추출하는 양이 많을수록 시간이 오래 걸린다.
- 기구는 대부분 유리로 되어 있기 때문에 깨진 곳이 없는지 잘 살펴본 후 구매해야 하며, 사용할 때도 깨지지 않게 각별한 신경을 써야 한다.

콜드브루 맛있게 내리는 법
Recipe of Cold Brew

차가운 물과 커피를 10:1 비율로 준비한다. 원두는 에스프레소와 핸드드립의 중간 굵기로 분쇄하는 것이 적당하다.

1. 물탱크에 차가운 물을 넣는다.
2. 커피탱크 밑에 필터를 깔고 분쇄한 원두를 넣는다.
3. ②에 차가운 물을 약간만 부어 살짝 불려준 다음 스틱을 이용해 골고루 섞는다. 어느 정도 원두가 적셔졌다 싶으면 윗부분을 평평하게 다지고 기구에 커피탱크를 끼운다.
4. 물이 2~3초에 한 방울씩 떨어지게 밸브를 조절하고 추출이 끝날 때까지 기다린다. 원두 위로 물이 고르게 퍼질 수 있도록 위쪽에 종이필터를 얹는다.

TIP

- 원두의 분쇄도에 따라 맛을 조절할 수 있다. 진한 맛을 원한다면 곱게, 연한 맛을 원한다면 굵게 간다. 다만 지나치게 곱게 갈면 물이 잘 빠지지 않으며, 너무 굵게 갈아도 커피의 여러 가지 성분을 충분히 추출할 수 없으니 유의한다.
- 콜드브루를 마실 때는 전체적으로 잘 섞은 뒤 마셔야 한다. 그렇지 않으면 원액의 밀도 차이로 인해 윗부분과 아랫부분에서 서로 다른 맛이 난다.

트리플초코프라페♦ 모카프라페♦ 캐러멜프라페♦ 바닐라프라페♦ 그린티프라페♦ 쿠키앤크림프라페♦ 민트초콜릿프라페♦ 피스타치오프라페

FRAPPE

프라페

RECIPE 3

HA

트리플 초콜릿 프라페 Triple Chocolate Frappe

초콜릿 소스와 초콜릿 시럽에 초콜릿 칩까지. 입안 가득 퍼지는 초콜릿의 달콤함이 기분을 좋게 만드는 음료.

잔 500㎖

ingredients

초콜릿 소스 30g
초콜릿 파우더 30g
초콜릿 칩 30g
우유 200㎖
얼음

How to make

1. 블렌더에 초콜릿 소스, 초콜릿 파우더, 초콜릿 칩, 우유, 얼음을 넣고 블렌딩한다.
2. 잔에 ①을 넣는다.
3. 초콜릿 칩으로 마무리한다.

1

2

3

TIP

- 파우더만 사용해서 프라페를 만들 경우 많은 양의 파우더가 필요하다. 이 때문에 필요한 양에 비해 맛이 진한 소스를 주로 쓰는 편이며, 두 가지를 섞어 써도 괜찮다.

응용하기

- 기호에 따라 휘핑크림을 올리거나 초콜릿 소스를 뿌려도 된다.

모카프라페

Mocha Frappe

일반적인 커피 프라페에 초콜릿 소스를 듬뿍 넣어 만든 음료. 커피와 초콜릿의 만남이 조화롭다.

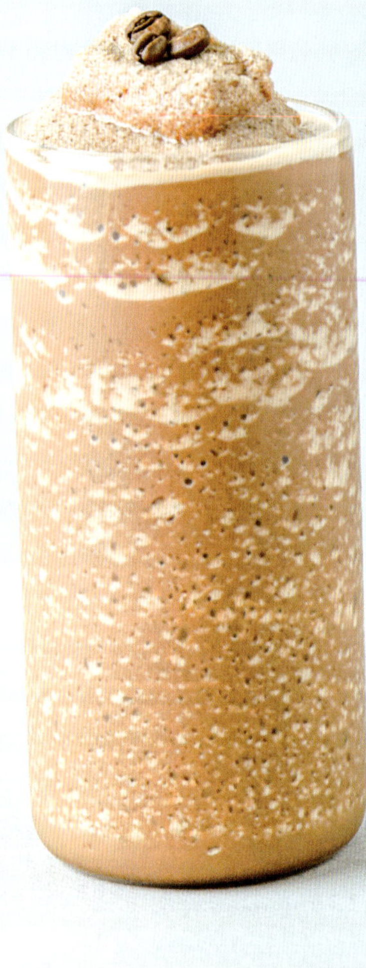

잔 500㎖

ingredients

에스프레소 2샷
초콜릿 소스 50g
우유 100㎖
얼음

How to make

1. 블렌더에 에스프레소, 초콜릿 소스, 우유, 얼음을 넣고 블렌딩한다.
2. 잔에 ①을 넣는다.
3. 원두를 올려 마무리한다.

1

2

3

응용하기

- 원두 외에도 휘핑크림, 초콜릿 소스 등으로 마무리해 풍성하게 표현할 수 있다.

캐러멜프라페

Caramel Frappe

캐러멜 소스의 달콤한 맛이 매력적인 음료. 시럽과 소스를 함께 사용하면 더욱 풍부한 맛을 느낄 수 있다.

잔 500㎖

ingredients

에스프레소 2샷
캐러멜 소스 30g
캐러멜 시럽 15㎖
우유 100㎖
얼음
휘핑크림

How to make

1. 블렌더에 에스프레소, 캐러멜 소스, 캐러멜 시럽, 우유, 얼음을 넣고 블렌딩한다.
2. 잔에 ①을 넣는다.
3. ②에 휘핑크림을 올린다.
4. 캐러멜 소스로 드리즐한다.

1

2

3

4

응용하기

- 휘핑크림 대신 휘핑한 생크림을 올리면 재료들이 부드럽게 섞여 한층 더 조화로워진다.

바닐라프라페

Vanilla Frappe

향긋한 바닐라 향과 고소한 우유가 만나 고급스러운 맛을 내는 음료.

잔 500㎖

ingredients

바닐라 시럽 30㎖
바닐라 파우더 35g
우유 200㎖
얼음
바닐라 아이스크림 1스쿱

How to make

1. 블렌더에 바닐라 시럽, 바닐라 파우더, 우유, 얼음을 넣고 블렌딩한다.
2. 잔에 ①을 넣는다.
3. 바닐라 아이스크림을 올린다.

1

2

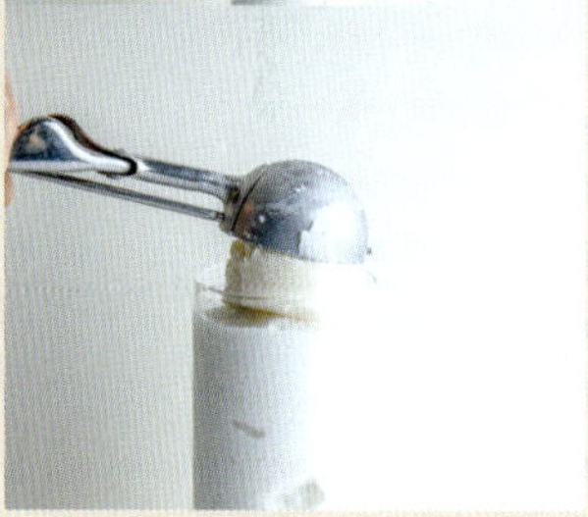

3

응용하기

- 초콜릿, 비스킷을 올려 장식해도 좋다.
- 아이스크림 대신 휘핑크림을 올려도 된다.

그린티프라페

Green Tea Frappe

진하고 깊은 녹차를 활용한 시원하고 깔끔한 맛의 프라페.

잔 430㎖

ingredients

녹차 파우더 60g
우유 150㎖
얼음
휘핑크림

How to make

1. 블렌더에 녹차 파우더, 우유, 얼음을 넣고 블렌딩한다.
2. 잔에 ①을 넣는다.
3. 휘핑크림을 올린다.

1

2

3

응용하기

- 녹차 파우더 대신 가루녹차와 연유를 활용해 유기농 그린티프라페로 응용할 수도 있다.
- 녹차 파우더나 가루녹차를 뿌려 장식해도 좋다.

쿠키앤크림프라페

Cookie And Cream Frappe

바닐라 아이스크림과 오레오 쿠키가 만나 바삭한 식감과 풍성한 단맛이 조화를 이룬다.

잔 430㎖

ingredients

쿠키앤크림 파우더 30g
오레오 쿠키 2개
바닐라 아이스크림 1스쿱
우유 120㎖
연유 20㎖
얼음

1

2

How to make

1. 블렌더에 쿠키앤크림 파우더, 오레오 쿠키, 바닐라 아이스크림, 우유, 연유, 얼음을 넣고 블렌딩한다.
2. 잔에 ①을 넣는다.
3. 오레오 쿠키로 가니쉬한다.

응용하기

- 토핑으로 오레오 쿠키 대신 초콜릿 크런치나 쿠키 분태를 뿌리는 것도 좋다.

민트초콜릿프라페

Mint Chocolate Frappe

시원하고 향긋한 민트와 달콤한 초콜릿의 환상적인 조화를 느낄 수 있는 음료. 민트초콜릿은 호불호가 많이 갈리는 것으로 유명하지만, '민초단'이라는 신조어가 만들어질 정도로 큰 인기를 얻고 있다.

잔 370㎖

ingredients

민트초콜릿 파우더 50g
우유 110㎖
얼음

1

2

3

How to make

1. 블렌더에 민트초콜릿 파우더, 우유, 얼음을 넣고 블렌딩한다.
2. 잔에 ①을 넣는다.
3. 휘핑크림을 조금 올리고 애플민트로 장식한다.

TIP

- 애플민트가 없다면 휘핑크림만 올려서 마무리해도 좋다.

응용하기

- 민트초콜릿 파우더 대신 민트 시럽과 초콜릿 소스 또는 초콜릿 파우더를 사용해 만들 수 있다.

피스타치오 프라페

Pistachio Frappe

풍부한 영양과 특유의 고소한 맛을 자랑하는 피스타치오가 들어간 프라페. 은은한 민트 컬러가 화사한 느낌을 더한다.

잔 244㎖

ingredients

피스타치오 파우더 50g
피스타치오 8개
바닐라 아이스크림 1스쿱
우유 100㎖
얼음

How to make

1. 블렌더에 피스타치오 파우더, 피스타치오, 얼음, 우유를 넣고 블렌딩한다.
2. 잔에 ①을 넣는다.
3. 바닐라 아이스크림을 올린다.
4. 피스타치오로 마무리한다.

1

2

3

Signature Menu

시그니처 메뉴

'시그니처signature'는 원래 서명이나 사인을 뜻하지만 오늘날에는 '대표작', '특별한 것'이라는 의미로도 자주 쓰인다. 식음료 업계에서 이 단어는 특히 주목받는다. 카페마다 공통적으로 볼 수 있는 음료 중 가장 자신 있게 내세우거나, 독창적인 방식으로 만든 그 집만의 특별한 메뉴를 '시그니처 메뉴'라 부른다. 이는 해당 매장의 고유한 정체성과 자부심이 담긴 한잔으로, 고객의 머릿속에 브랜드를 깊이 각인시키는 중요한 수단이다.

요즘 소비자는 개성과 독창성을 중시하며 특별한 경험을 기대한다. 시그니처 메뉴는 이런 니즈에 부응하는 가장 효과적인 방법이다. 최근 대형 프랜차이즈 카페들 역시 지역별 매장에만 있는 전용 메뉴를 개발하고 있다. 예를 들어, 제주도의 스타벅스는 한라봉, 비자림, 쑥떡 등 제주만의 식재료로 만든 음료와 디저트를 선보이며 방문객의 호기심을 자극한다.

시그니처 메뉴 개발 팁
Development Tips

정확한 타깃 분석

시그니처 메뉴는 단순히 유행을 좇아 만든 음료가 아니다. 메뉴 개발 전, 매장이 위치한 상권과 고객층을 분석하는 것이 중요하다. 주택가, 대학가, 오피스, 관광지 등 입지에 따라 선호도는 달라진다. 또 주변 카페들과 겹치지 않도록 메뉴 차별화를 꾀해야 한다.

수제 한 스푼 더하기

모든 재료를 기성품으로 사용하기보다 최소한 하나라도 손수 만든 재료를 활용하면 고유한 맛을 낼 수 있다. 번거롭더라도 시럽, 소스, 청 등을 직접 만들어보자. 고객은 아는 맛에 더해진 고급스러운 풍미를 특별함과 고퀄리티로 인식한다.

한 끗으로 만드는 차별화

기존 메뉴를 활용하더라도 조합이나 스타일에 변화를 줘 개성을 입히는 방식이 효과적이다. 간판 메뉴를 어떻게 발전시킬지, 어떤 콘셉트를 부여할지 고민하며 아이디어를 다듬다 보면 자연스럽게 방향이 보인다.

유행을 참고하되 의존은 금물

트렌드를 반영한 메뉴를 개발하는 것도 좋지만, 한철 인기를 끌고 금세 잊히는 메뉴는 장기적으로 브랜드에 도움이 되지 않는다. 유행을 참고하더라도 그 결이 브랜드의 지향점, 성격과 잘 맞는지 객관적인 시선으로 판단하자.

선택과 집중

너무 많은 시그니처 메뉴를 동시에 내세우면 오히려 브랜드의 선명도가 흐려진다. 핵심 메뉴 한두 가지에 집중하고, 고객의 피드백을 반영해 점차 완성도를 높이는 전략이 바람직하다. 무엇보다 중요한 건 그 메뉴가 오직 '우리 매장'에서만 경험할 수 있어야 한다는 것이다.

버터크림라떼 ♦ 흑임자크림라떼 ♦ 쑥크림라떼 ♦ 슈크림라떼 ♦ 인절미크림라떼 ♦ 오렌지크림라떼

SIGNATURE CREAM LATTE

시그니처 크림라떼

RECIPE 4

버터크림라떼

Butter Cream Latte

버터스카치 특유의 풍미와 부드러운 크림이 조화롭게 어우러지는 달콤하고 깊은 맛의 라떼.

잔 300㎖

ingredients

에스프레소 1샷
생크림 40㎖
연유A 5g
버터스카치 소스 20g
우유 150㎖
연유B 15g
얼음 40g

How to make

1. 에스프레소, 생크림, 연유A, 버터스카치 소스를 잘 섞어 버터크림을 만든다.
2. 잔에 연유B와 우유를 넣어 잘 섞은 뒤 얼음을 채운다.
3. 준비한 버터크림을 위에 올려 완성한다.

1

2

3

TIP

- 버터크림은 살짝 차갑게 만들어야 우유 위에 잘 올라가며, 층 분리도 예쁘게 표현된다.

흑임자크림라떼

Black Sesame Cream Latte

고소하고 진한 흑임자 풍미와 부드러운 크림의 조화가 돋보이는 라떼.

잔 250㎖

ingredients

생크림 60g
흑임자 파우더 10g
설탕시럽 20g
우유 120㎖
얼음 40g

How to make

1. 생크림과 흑임자 파우더, 설탕시럽을 잘 섞어 부드럽게 휘핑한다.
2. 잔에 얼음과 우유를 넣는다.
3. 흑임자 크림을 올려 마무리한다.

1

2

3

TIP

- 검은깨를 직접 갈아 넣으면 풍미가 더욱 살아난다.

쑥크림라떼

Mugwort Cream Latte

쌉쌀하면서도 구수한 쑥 풍미가 진하게 퍼지는 독특하고 매력적인 라떼.

잔 280㎖

ingredients

생크림 20g
우유A 10g
연유 10g
쑥 파우더 40g
우유B 130㎖
쑥 파우더 25g
에스프레소 1샷
얼음 40g

1

2

3

4

How to make

1. 생크림과 우유, 연유를 부드럽게 섞어 휘핑한다.
2. 잔에 소량의 우유B, 쑥 파우더를 넣어 잘 섞는다.
3. 얼음과 남은 우유B를 넣는다.
4. 쑥 크림을 올려 마무리한다.

TIP

- 쑥 크림을 너무 묽지 않게 만들어야 안정적인 비율로 완성된다.

슈크림라떼

Custard Cream Latte

부드러운 커스터드 크림과 고소한 커피가 조화를 이루는 디저트 같은 라떼.

잔 390㎖

ingredients

슈크림파우더 30g
바닐라시럽A 10㎖
생크림 100㎖
바닐라시럽B 20㎖
연유 10g
우유 140㎖
에스프레소 2샷
얼음 40g

How to make

1. 슈크림 파우더와 바닐라시럽A, 생크림을 잘 섞어 휘핑해 슈크림을 만든다.
2. 잔에 바닐라시럽B를 넣는다.
3. 연유와 우유를 잘 섞어 ②에 붓는다.
4. 얼음과 에스프레소를 넣는다.
5. 슈크림을 올려 마무리한다.

1

3

4

5

TIP

- 슈크림 위에 슈가파우더나 소금 약간을 뿌리면 풍미가 더 살아난다.

인절미크림라떼

Injeolmi Cream Latte

고소한 콩가루와 부드러운 크림이 어우러진 인절미 풍미 가득한 라떼.

잔 260㎖

ingredients

생크림 60g
콩가루 10g
우유 120㎖
얼음 40g
에스프레소 2샷

How to make

1. 생크림과 콩가루를 섞어 인절미 크림을 만든다.
2. 잔에 우유, 얼음, 에스프레소를 순서대로 넣는다.
3. 인절미 크림을 올린 뒤 콩가루로 마무리한다.

1

2

3

오렌지크림라떼

Orange Cream Latte

상큼한 오렌지와 부드러운 크림의 조화, 입안 가득 퍼지는 향긋한 시트러스 풍미의 라떼.

잔 300㎖

ingredients

생크림 50g
오렌지 퓌레A 40g
우유 130㎖
오렌지 퓌레B 20g
에스프레소 1샷
얼음 40g
오렌지 제스트 토핑

How to make

1. 생크림과 오렌지 퓌레A를 잘 섞어 휘핑한다.
2. 우유와 오렌지 퓌레B를 잔에 넣고 섞는다.
3. 얼음을 채운 뒤 에스프레소를 붓는다.
4. 오렌지 크림을 올려 마무리한다.

1

2

3

4

TIP

- 크림과 라떼 베이스 둘 다 오렌지 퓌레를 활용하면 더 풍부하고 향긋한 맛이 완성된다.

플레인요거트스무디 ♦ 블루베리요거트스무디 ♦ 딸기요거트스무디 ♦ 애플요거트스무디 ♦ 유자요거트스무디 ♦ 망고요거트스무디 ♦ 키위요거트 스무디 ♦ 베리베리굿 ♦ 멜론스무디 ♦ 파인애플스무디 ♦ 오렌지스무디

SMOOTHIE

스무디

RECIPE 5

Wiswell

플레인요거트스무디

Plain Yogurt Smoothie

진한 향과 순수한 맛이 매력적인 플레인 요거트가 느껴지는 깔끔하고 상큼한 프라페.

잔 500㎖

ingredients

우유 200㎖
플레인요거트파우더 70g
얼음

How to make

1. 블렌더에 우유, 플레인요거트파우더, 얼음을 넣고 간다.
2. 잔에 ①을 넣는다.

1

2

응용하기

- 파우더 외 수제 플레인요거트를 이용하면 더욱 풍부한 맛을 느낄 수 있다.
- 기호에 따라 휘핑크림을 올려 마무리해도 좋다.
- 시중에 나와 있는 색다른 요거트파우더 제품으로 다양한 요거트 프라페를 시도할 수 있다.

블루베리요거트스무디

Blueberry Yogurt Smoothie

시력에 좋은 안토시아닌이 풍부한 블루베리를 듬뿍 넣은 건강 음료. 새콤달콤한 요거트를 더해 맛도 놓치지 않았다.

잔 518㎖

ingredients

우유 200㎖
플레인요거트파우더 50g
블루베리베이스 70g
냉동블루베리 50g
얼음

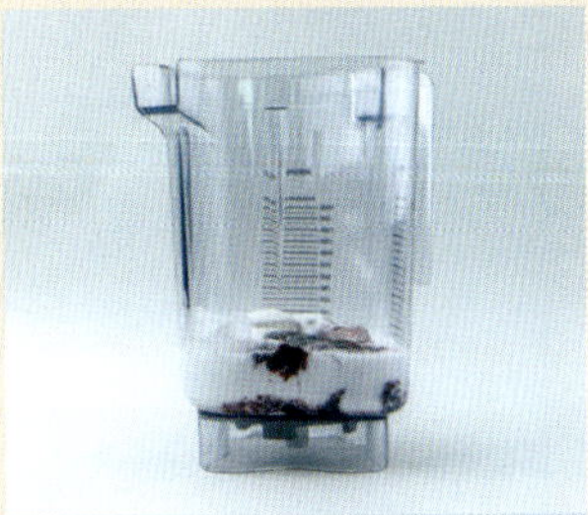

1

2

How to make

1. 블렌더에 우유, 플레인요거트파우더, 블루베리베이스, 냉동블루베리, 얼음을 넣고 간다.
2. 잔에 ①을 넣고 블루베리, 로즈메리로 가니쉬한다.

TIP

- 블루베리 과육을 그대로 사용하므로 블렌딩을 적당히 해야 씹히는 식감을 느낄 수 있다. 판매 시에는 스푼빨대를 함께 제공하도록 한다.
- 냉동블루베리 대신 블루베리청을 활용하면 적은 양으로도 맛과 색을 확실히 살릴 수 있다.

응용하기

- 만드는 과정이 번거롭다면 블루베리요거트파우더를 활용해도 된다.

딸기요거트스무디
Strawberry Yogurt Smoothie

요거트와 딸기가 만나 산뜻한 봄의 기운이 완연한 음료. 딸기는 시즌 메뉴 하면 빼놓을 수 없을 정도로 꾸준히 사랑받는 과일이다.

잔 390㎖

ingredients

우유 100㎖
플레인요거트파우더 30g
딸기베이스 50g
냉동딸기 80g
얼음

How to make

1. 블렌더에 우유, 플레인요거트파우더, 딸기베이스, 냉동딸기, 얼음을 넣고 간다.
2. 잔에 ①을 넣는다.
3. 딸기 한 알을 올려 마무리한다.

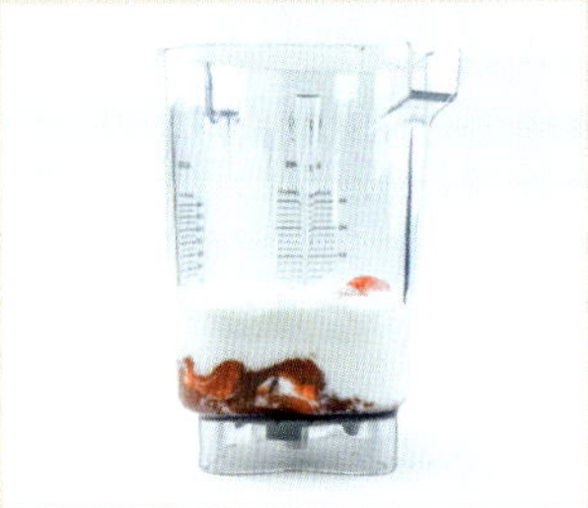

1

2

TIP

- 블렌더에 우유, 플레인요거트파우더, 얼음만 넣고 갈아준 다음 냉동딸기를 따로 갈아 올리면 레이어드 음료로 표현할 수 있다.
- 딸기 과육을 그대로 사용하기 때문에 블렌딩을 적당히 해야 씹히는 식감을 느낄 수 있다. 판매 시에는 스푼 빨대를 함께 제공하도록 한다.
- 딸기가 제철일 때는 생딸기를 활용하는 것도 좋다.

응용하기

- 만드는 과정이 번거롭다면 딸기시럽이나 딸기요거트파우더를 활용해도 된다.

애플요거트스무디

Apple Yogurt Smoothie

상큼한 요거트와 향긋하고 달콤한 사과의 조화가 매력적인 음료.

잔 485㎖

ingredients

우유 150㎖
플레인요거트파우더 40g
사과베이스 70g
얼음

1

2

How to make

1. 블렌더에 우유, 플레인요거트파우더, 사과베이스, 얼음을 넣고 간다.
2. 잔에 ①을 넣는다.

TIP

- 생과일 사과는 갈변하기 때문에 넣지 않는 것이 좋다.

응용하기

- 비주얼이나 식감을 살리고 싶다면 잔에 음료를 담기 전에 코코넛 젤리를 넣거나 마지막에 토핑으로 활용해도 된다.

유자요거트스무디

Citron Yogurt Smoothie

새콤달콤한 유자청에 상큼한 요거트를 블렌딩해서 만든 가슴 속까지 상큼해지는 음료.

잔 500㎖

ingredients

우유 200㎖
유자청 50g
플레인요거트파우더 40g
얼음

1

2

How to make

1. 블렌더에 우유, 플레인요거트파우더, 유자청, 얼음을 넣고 간다.
2. 잔에 ①을 넣는다.

응용하기

- 유자청 대신 유자요거트파우더를 활용해도 된다.

망고요거트스무디

Mango Yogurt Smoothie

입안 가득 단맛이 느껴지는 망고의 매력을 시원하게 살린 음료.

잔 485㎖

ingredients

우유 150㎖
플레인요거트파우더 40g
망고베이스 70g
냉동망고 50g
얼음

How to make

1. 블렌더에 우유, 플레인요거트파우더, 망고베이스, 냉동망고, 얼음을 넣고 간다.
2. 잔에 ①을 넣는다.

1

2

TIP

- 블렌더에 우유, 플레인요거트파우더, 얼음만 넣고 갈아준 다음 망고베이스와 냉동망고를 따로 갈아 올리면 레이어드 음료로 표현할 수 있다.

응용하기

- 만드는 과정이 번거롭다면 망고요거트파우더를 활용해도 된다.

키위요거트 스무디

Kiwi Yogurt Smoothie

키위와 요거트가 어우러져 넘치는 활력을 선사하는 음료. 키위는 우유와 상성이 맞지 않지만, 요거트와는 조화를 이룬다.

잔 518㎖

ingredients

우유 200㎖
플레인요거트파우더 50g
키위베이스 70g
냉동키위 50g
얼음

1

3

How to make

1. 블렌더에 우유, 플레인요거트파우더, 키위베이스, 얼음을 넣고 간다.
2. 냉동키위를 추가해 살짝 갈아준다.
3. 잔에 ②를 넣는다.

TIP

- 키위 씨는 과육과 달리 쓴맛이 나므로 나머지 재료를 먼저 간 다음 키위를 넣고 살짝만 갈아주는 것이 좋다. 판매 시 스푼 빨대를 함께 제공하도록 한다.
- 블렌더에 우유, 플레인요거트파우더, 얼음만 넣고 갈아준 다음 키위를 따로 갈아 올리면 레이어드 음료로 표현할 수 있다.
- 냉동키위 대신 생과일 키위를 사용하면 색감이나 맛이 훨씬 좋아진다.

베리베리굿

Berry Very Good

복분자청, 블루베리베이스를 얼음과 함께 갈아서 만든 시원한 음료. 복분자, 블루베리 모두 다른 베리류 과일에 비해 단맛이 강해 첨가물을 넣지 않아도 충분히 맛있다.

잔 370㎖

ingredients

물 100㎖
블루베리베이스 20g
복분자청 30g
얼음

How to make

1. 블렌더에 물, 블루베리베이스, 복분자청, 얼음을 넣고 간다.
2. 잔에 ①을 넣는다.
3. 분쇄한 얼음과 냉동블루베리를 올려 완성한다.

1
2
3

TIP

- 얼음은 입자가 어느 정도 보이도록 적당히 갈아준다.
- 농도를 조금 진하게 만든 후 분쇄한 얼음을 올려야 음료가 천천히 녹아 오랫동안 시원하게 마실 수 있다.

멜론스무디

Melon Smoothie

멜론의 달콤함과 부드러운 우유, 얼음이 어우러져 상큼하면서도 크리미한 맛을 선사하는 음료다.

잔 485㎖

ingredients

멜론퓌레 100g
우유 100㎖
라임 시럽 5g
얼음

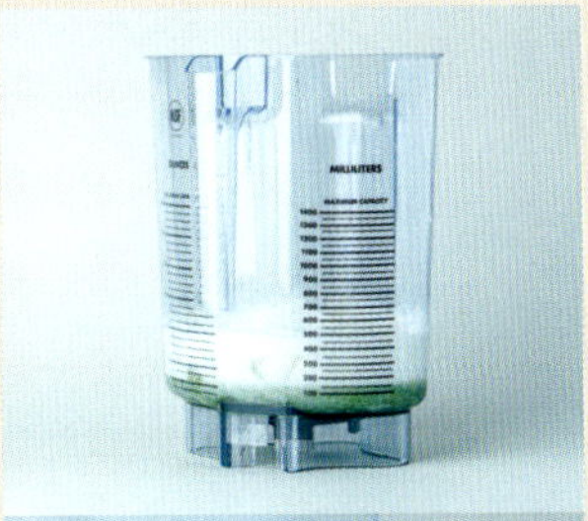

1

2

How to make

1. 모든 재료를 블렌더에 넣고 곱게 갈아 부드러운 스무디 상태로 만든다.
2. 잔에 ①을 넣는다.

TIP

- 라임 시럽을 소량 추가하면 멜론의 단맛에 상큼함이 더해져 맛이 더욱 살아난다.
- 생과일을 사용하면 자연스러운 단맛을 즐길 수 있으며, 통조림이나 냉동 멜론도 충분히 활용 가능하다.

파인애플 스무디

Pineapple Smoothie

파인애플 특유의 단맛과 상큼함을 그대로 즐길 수 있는 크리미한 스무디다.

잔 485㎖

ingredients

파인애플 퓌레 100g
물 100㎖
얼음

How to make

1. 파인애플 퓌레, 물, 얼음을 블렌더에 넣고 약 30~40초간 블렌딩한다.
2. 잔에 ①을 넣는다.

1

2

TIP

- 파인애플 퓌레는 신선하고 맛이 진한 제품을 사용하거나, 직접 갈아 만든 퓌레를 사용하면 더욱 풍부한 맛을 낼 수 있다.
- 필요에 따라 단맛을 더하고 싶다면 약간의 시럽 또는 꿀을 소량 추가한다.

오렌지스무디 Orange Smoothie

신선하게 짜낸 오렌지 주스와 생과일 오렌지의 맛이 상큼하고 생동감 있는 시트러스 맛을 자아낸다.

잔 300mℓ

ingredients

오렌지 과육 100g
오렌지 주스 100mℓ
얼음

How to make

1. 블렌더에 오렌지 과육, 오렌지 주스, 얼음을 넣고 고르게 갈아준다.
2. 잔에 ①을 넣는다.

1

2

TIP

- 오렌지 껍질의 오일이 스무디에 상큼한 킥을 더해주므로, 갈아서 토핑하면 색감과 풍미 모두 증가한다.

Side Menu

사이드메뉴

마실 것과 함께 먹을 것을 찾는 새로운 카페문화의 흐름에 따라 언제부턴가 카페마다 사이드메뉴 하나씩은 꼭 갖추게 되었다. 사이드메뉴는 커피와 더불어 매출 상승에도 톡톡한 노릇을 하지만, 준비가 덜된 상태로 쉽게 덤벼들었다간 도리어 손님들에게 좋지 않은 인상만 남길 수 있어 몇 가지 팁을 알아두는 것이 좋다.

COLUMN

사이드메뉴 구성 시 알아두어야 할 것들
Things to Know

카페에 맞는 시스템 찾기

보통 상황이 여의치 않은 소규모 카페는 납품을 받는 것이 일반적이다. 이 경우 맛의 특징, 원가, 유통기한, 수요 등 장단점을 따져보고 완제로 할 것인지, 반제로 할 것인지 결정한다. 만약 수제로 한다면 선택과 집중이 필요하다. 비교적 부피가 크지 않고 만드는 과정이 단순하며, 오랫동안 보존이 가능한 디저트로는 브라우니를 들 수 있다. 한편20평 이상의 중대형 매장은 단가가 높은 케이크 메뉴가 알맞다.
최근에는 크럼블, 비건 쿠키, 저당 디저트, 크로플, 수제 아이스크림 등 개성을 살린 메뉴가 인기다. 특히 홈카페 감성이 반영된 소형 디저트나 1인 사이즈 제품이 떠오르며, 사진 찍기 좋은 비주얼 역시 중요한 선택 기준이 되고 있다.

오너가 먼저 알기

사이드메뉴를 매장에서 직접 만들려고 하는 오너들은 대부분이 단순히 전문가를 고용하면 문제가 해결될 것이라고 착각을 하는데, 오너가 요리나 베이킹 지식이 없으면 메뉴 세팅, 재료선택, 제품평가 등을 제대로 할 수 없어서 오픈하기 전에 미리 배워둘 필요가 있다. 또 파티시에를 고용할 것이라면 과연 효율적일지 깊이 고민해봐야 한다. 체계적인 시스템이 갖춰져 있지 않으면 파티시에 한 명에 의해 카페 운영이 큰 타격을 받을 수 있고, 경력이 많고 실력이 좋은 파티시에일수록 당연히 인건비는 높아지기 때문에 이를 감당할 수 있을지 신중하게 생각한다.

안정적인 메뉴부터 시작

꾸준히 사랑받는 메뉴를 중심으로 컨셉과 입지에 어울리는 시그니처 메뉴를 추가로 몇 가지만 갖추는 것이 좋겠다. 밸런스의 조절이 중요한데 절반은 고정 메뉴로 대중적인 디저트를, 나머지는 종종 바꿔가며 이미지 변화를 줄 수 있는 디저트로 세팅한다. 이는 쇼케이스를 통해 카페의 발전 양상을 보여주는 역할도 할 것이다.

과욕은 금물

욕심이 많은 오너는 의욕에 넘쳐 오픈 때부터 되도록 많은 것을 보여주려고 노력하는데, 무턱대고 가짓수가 많은 것보다는 얼마만큼 다양한 맛을 갖추고 있는지가 더 중요하다. 달콤한 메뉴가 있다면 담백한 메뉴도 갖추고, 하나의 카테고리 내에서 다양한 맛의 메뉴로 확장해가는 편이 낫다. 사이드메뉴는 제대로 된 것 하나만 있어도 성공할 확률이 높은데, 이때 가짓수를 추려 선문성을 강화하고 특별한 느낌을 주는 것이 투자에 비해 효과가 크다.

상권 특성 고려하기

사이드메뉴의 구성이나 비주얼은 카페의 컨셉과 통일된 느낌을 주는 것이 핵심이며, 사이드메뉴 역시도 음료와 마찬가지로 상권 특성을 파악해 주력 메뉴를 정한다. 학생이나 주부처럼 양이 푸짐한 것을 좋아하는 손님이 많은 지역이라면 부피가 큰 시폰케이크가, 아이 입맛에 맞는 사이드메뉴를 주문하는 엄마 고객이 많은 주택가에서는 팬케이크 같은 메뉴가 좋다.

이해하기 쉬운 메뉴 이름

너무 함축적이거나 추상적인 메뉴명은 맛을 쉽게 떠올릴 수 없으므로 되도록이면 재료나 특징이 드러난 이름을 붙이는 것이 좋다. 메뉴에 대한 설명을 함께 기재할 때 손님이 좋아할 만한 부분을 강조한다.

새로운 디저트의 등장

최근에는 달콤한 디저트뿐 아니라 짭짤한 페이스트리·간식류가 함께 주목받고 있다. 크루아상, 크루키(크루아상+쿠키), 프레첼, 바질 크루아상 등 변주 메뉴들이 인기를 끌고 있으며, 프리미엄 도넛과 티라미수, 바스크 치즈케이크는 여전히 카페 베스트셀러 자리를 지키고 있다. 건강과 웰빙을 고려한 저당·글루텐프리 디저트도 주류로 편입되고 있다.

커피와 디저트 페어링
Pairing coffee and dessert

성분이 비슷한 메뉴는 피할 것

커피와 어울리는 디저트를 찾는 데 있어 가장 중요한 것은 먹고 난 뒤 입안에 드는 느낌이 얼마나 조화롭냐는 점이다. 커피와 디저트 각각이 아무리 훌륭해도 서로 어울리지 않으면 둘 다 나쁜 평가를 받기 때문이다. 두 가지가 만났을 때 시너지를 내는지 우선적으로 고려해야만 재방문 손님도 늘어날 것이다. 대부분의 디저트가 그렇지만 유독 버터나 크림과 같은 유제품이 많이 들어간 것은 우유를 넣은 음료와 먹으면 속이 더 느끼해질 수 있다.

디저트는 따뜻한 음료와 함께

다량의 지방이 함유된 디저트를 차가운 음료와 먹으면 입안에서 겉도는 느낌이 든다. 때문에 디저트에는 깨끗한 맛이 나는 따뜻한 음료를 곁들여야 느끼함이 말끔히 정리되며, 몇 번이고 먹고 싶다는 생각이 들 정도로 더 맛있게 즐길 수 있다. 특히 아메리카노의 맛을 잡을 때는 모든 디저트와 잘 어울리는 점을 감안해서 시너지를 극대화할 수 있는 방향으로 조정한다.

커피와 디저트 세트

커피와 디저트를 동시에 홍보하는 좋은 방법 중 하나는 두 가지를 세트로 구성하는 것이다. 커피와 디저트가 조화로운 세트를 이루면 손님들의 만족도는 커지고, 이는 카페에 대한 신뢰로 이어져 시너지 효과를 낼 수 있다. 또한 세트는 손님이 맛을 좋게 느낄 수 있게 이끌어 주는 일종의 서비스라는 차원에서도 새로운 의미가 있다.

홈메이드 사이드메뉴의 장단점
The pros and cons of homemade side menus

장점

· 신선한 맛과 높은 퀄리티. 집에서 해먹는 맛 그대로 손님에게 전해진다.

· 제조 및 유통과정을 직접 확인할 수 있어서 좋다.

· 소량이라도 직접 만들기 때문에 카페의 개성을 살릴 수 있고, 납품을 받을 때보다 손님이 더 큰 호감을 가진다.

단점

· 손이 많이 가고 시간과 체력 소모가 크다.

· 전문가가 아닐 경우 실력을 인정받을 때까지 시간이 오래 걸린다.

· 수요를 잘못 예측할 경우 큰 손실을 입을 수 있다.

· 메뉴별 특징을 제대로 파악하지 못하면 오히려 운영에 좋지 않은 영향을 미친다. 예를 들어 많은 사람이 구움과자를 쉽다고 생각하지만 이 메뉴는 최상의 재료를 사용하지 않는 이상 기존의 제품과 차별화하기 어려운, 재료가 핵심을 이루는 메뉴다. 그러나 비싼 원가에 비해 저렴한 디저트라는 인식이 일반적이라 단가를 낮출 수밖에 없고 자칫 하면 재고만 잔뜩 쌓인다.

추천 디저트 페어링

진한 초콜릿 케이크, 화사한 맛의 케이크 + **쌉쌀하고 군더더기 없는 아메리카노**

보들보들 부드러운 치즈 케이크, 상큼한 과일 타르트 + **잉글리시 브랙퍼스트, 다즐링, 아쌈 등 순수한 맛의 홍차**

딱딱한 식감의 비스코티 + **우유가 들어간 커피**

쿠키 + **밀크티, 가향차**

샌드위치 + **청량감 있는 소다, 에이드**

키위주스 ♦ 딸기주스 ♦ 오렌지주스 ♦ 자몽주스 ♦ 청포도주스 ♦ 레몬에이드 ♦ 블루레몬에이드 ♦ 믹스베리에이드 ♦ 유자에이드 ♦ 자몽에이드 ♦ 오렌지에이드 ♦ 오렌지자몽에이드 ♦ 청귤에이드 ♦ 패션프루트에이드 ♦ 석류에이드 ♦ 라임모히또에이드 ♦ 딸기바나나주스 ♦ 바나나주스 ♦ 멜론주스 ♦ 수박주스 ♦ 토마토주스

JUICE & ADE

주스 & 에이드

RECIPE 6

키위주스

Kiwi Juice

키위 과육의 씨가 톡톡 터지는 발랄한 느낌의 음료. 졸음이 몰려드는 오후에 마시면 나른한 몸을 깨워줄 것만 같다.

잔 390㎖

ingredients

물 20㎖
설탕시럽 30㎖
키위 2개
얼음

How to make

1. 블렌더에 물, 설탕시럽, 얼음을 넣고 갈아준다.
2. ①에 키위를 넣고 살짝만 갈아준다.
3. 잔에 ②를 넣는다.

2

3

응용하기

- 키위의 당도에 따라 설탕시럽의 양을 조절한다. 키위가 너무 시면 키위시럽을 활용해 단맛과 색감을 맞춘다.
- 키위는 얼음을 먼저 분쇄한 다음 넣어야 키위 씨가 살짝만 갈려 쓴맛을 줄일 수 있다.

딸기주스

Strawberry Juice

유리잔에 감도는 핑크빛이 보는 이의 눈길을 끄는 사랑스러운 음료. 달콤하고 부드러운 맛이 좋다.

잔 390㎖

ingredients

물 20㎖
설탕시럽 30㎖
딸기 12개
얼음

1

2

How to make

1. 블렌더에 물, 설탕시럽, 딸기, 얼음을 넣고 갈아준다.
2. 잔에 ①을 넣는다.

TIP

- 냉동 딸기를 사용할 때는 얼음의 양을 줄여야 한다.
- 딸기 양을 줄이고 싶거나 색감을 살리고 싶을 때는 설탕시럽 대신 딸기시럽을 활용한다.

응용하기

- 딸기를 올려 장식해도 좋다.

오렌지주스

Orange Juice

진짜 오렌지를 넣은 생과일주스. 상큼한 과육을 즐기고 과일의 영양소까지 그대로 섭취할 수 있다.

잔 390㎖

ingredients

물 20㎖
설탕시럽 30㎖
오렌지 1개
얼음

How to make

1. 블렌더에 물, 설탕시럽, 오렌지, 얼음을 넣고 갈아준다.
2. 잔에 ①을 넣는다.

1

2

TIP

- 오렌지의 당도에 따라 설탕시럽을 오렌지시럽으로 대체하거나 시럽의 양을 가감해도 된다.

자몽주스

Grapefruit Juice

달지 않은 주스를 원하는 이들의 입맛에 제격인 음료. 탄산이 들어있지 않아서 깔끔하게 즐길 수 있다.

잔 390㎖

ingredients

물 20㎖
자몽에이드 베이스 30㎖
자몽 1/2개
얼음

1

2

How to make

1. 블렌더에 물, 자몽, 자몽에이드 베이스, 얼음을 넣고 갈아준다.
2. 잔에 ①을 넣는다.

TIP

- 자몽은 쓴맛이 강하기 때문에 단맛이 강한 제품을 활용하는 것이 좋다.
- 자몽은 종류에 따라 과육의 색깔이 다르니 핑크빛을 연출하고 싶다면 자몽시럽을 첨가하자.

청포도주스

Green Grape Juice

풋풋함이 느껴지는 청포도 주스는 꾸준히 높은 인기를 자랑하는 음료로, 특히 브런치 메뉴와 잘 어울린다.

잔 390㎖

ingredients

물 20㎖
설탕시럽 30㎖
청포도 200g
얼음

1

2

How to make

1. 블렌더에 물, 설탕시럽, 청포도, 얼음을 넣고 갈아준다.
2. 잔에 ①을 넣는다.

TIP

- 청포도를 통째로 넣어서 갈기 때문에 껍질이 연한 것을 사용해야 떫은맛을 줄일 수 있다.

레몬에이드
Lemon Ade

대표적인 에이드 메뉴. 레몬 한 개 분량의 과즙을 넣어 신선한 느낌을 더했다.

잔 390㎖

ingredients

레몬 1개
얼음
레몬에이드베이스 60㎖
탄산수 150㎖

How to make

1. 스퀴저를 이용해 레몬을 착즙한다.
2. 얼음을 채운 잔에 레몬즙을 넣는다.
3. 레몬에이드베이스를 넣는다.
4. 탄산수를 넣는다.

1

3

4

TIP

- 레몬에이드베이스와 탄산수 대신 사이다만 넣어서 단맛을 낼 수도 있다.

응용하기

- 레몬슬라이스를 넣어 장식해도 좋다.

블루레몬에이드

Blue Lemon Ade

기존 레몬에이드에 블루큐라소 시럽을 추가해 시원한 색감과 맛 모두 살린 청량한 음료.

잔 500㎖

ingredients

레몬 1개
얼음
레몬에이드베이스 50㎖
블루큐라소 시럽 10㎖
탄산수 150㎖

How to make

1. 스퀴저를 이용해 레몬을 착즙한다.
2. 잔에 블루큐라소 시럽을 넣는다.
3. 착즙한 레몬즙을 넣는다.
4. 얼음을 채운 뒤 레몬에이드베이스를 넣는다.
5. 탄산수를 부어준다.

1

3

4

TIP

- 탄산수를 사이다로 대체해도 괜찮다.
- 레이어드를 내기 위해 블루큐라소 시럽을 가장 먼저 넣는 것이 좋다.

믹스베리에이드

Mix Berry Ade

라즈베리, 복분자, 블루베리가 통째로 들어가 더 큰 만족감을 선사하는 리얼 에이드. 알록달록한 색감과 자연스러운 향이 인상적이다.

잔 390㎖

ingredients

냉동 라즈베리 조금
냉동 블루베리 조금
복분자청 100g
탄산수 150㎖
얼음

How to make

1. 잔에 복분자청을 넣는다.
2. ①에 얼음을 넣는다.
3. ②에 냉동 라즈베리와 블루베리를 넣는다.
4. ③에 탄산수를 부어준다.

1

2

4

응용하기

- 복분자청 대신 블루베리퓌레나 베이스를 활용해도 된다.

유자에이드

Citron Ade

겨울에만 모습을 보이는 유자차가 못내 아쉬운 이들을 위해 탄생한 시원한 유자에이드. 음료를 비우고 남은 유자청을 꼭꼭 씹어 먹는 재미를 모든 계절에 만끽할 수 있다.

잔 390㎖

ingredients

유자청 80g
사이다 150㎖
얼음

How to make

1. 잔에 유자청을 담는다.
2. ①에 얼음을 넣는다.
3. ②에 사이다를 부어준다.

1
2
3

TIP

- 분쇄 얼음을 올려 장식해도 좋다.

자몽에이드

Grapefruit Ade

유난히 과즙이 풍부하고 향긋한 자몽은 에이드로 만들기에 더없이 좋은 재료다. 자칫 안 좋은 맛을 낼 수도 있는 자몽의 쓰고 신맛은 자몽시럽으로 보완해 자몽의 장점만 극대화했다.

잔 330㎖

ingredients

자몽 1/2개
자몽에이드 베이스 50㎖
얼음
탄산수 200㎖

How to make

1. 스퀴저를 이용해 자몽을 착즙한다.
2. 자몽즙을 잔에 담는다.
3. 자몽에이드 베이스를 넣는다.
4. ③에 얼음을 담는다.
5. ④에 탄산수를 부어준다.

1

2

4

5

응용하기

- 자몽슬라이스나 허브를 올려 장식해도 좋다.

오렌지에이드

Orange Ade

온몸 가득 상쾌한 기분을 느끼고 싶을 때 제격인 음료. 많이 달지도, 시지도 않아 편하게 마실 수 있다.

잔 480㎖

ingredients

오렌지 1/2개
오렌지시럽 40㎖
얼음
탄산수 200㎖

How to make

1. 스퀴저를 이용해 오렌지를 착즙한다.
2. ①을 잔에 담는다.
3. 오렌지 시럽을 넣는다.
4. ③에 얼음을 담는다.
5. ④에 탄산수를 부어준다.

1

2

5

응용하기

- 오렌지 없이 간편하게 만들고 싶다면 오렌지에이드 베이스를 활용해도 된다.
- 오렌지슬라이스를 이용해 장식해도 좋다.

오렌지자몽에이드

Orange Grapefruit Ade

자몽과 오렌지를 듬뿍 담은 프리미엄 에이드로, 자몽과 오렌지의 신선한 조화가 인상적이다.

잔 480㎖

ingredients

오렌지 1/2개
자몽에이드 베이스 30㎖
오렌지시럽 20㎖
얼음
탄산수 200㎖

How to make

1. 스퀴저를 이용해 오렌지와 자몽을 착즙한다.
2. 착즙액을 잔에 담는다.
3. ②에 자몽에이드 베이스를 넣는다.
4. ③에 오렌지 시럽을 넣는다.
5. ④에 얼음을 담는다.
6. ⑤에 탄산수를 부어준다.

2
3
4
6

응용하기

- 각 재료가 분리되어 있기 때문에 마시긴 전 잘 섞어야 한다.

청귤에이드

Cheonggyul Ade

청귤의 새콤쌉싸름한 매력을 그대로 담은, 깔끔하고 상쾌한 에이드.

잔 310㎖

ingredients

청귤청 60g
탄산수 160㎖
얼음 80g

How to make

1. 잔에 청귤청을 넣고 얼음을 채운다.
2. 탄산수를 조심히 붓고 가볍게 저어준다.

1

2

응용하기

- 층이 나뉜 상태로 제공하면 시각적인 효과를 높일 수 있다.
- 청귤청은 과육이 있는 제품을 추천한다.

패션프루트에이드

Passion Fruit Ade

톡 쏘는 탄산과 패션프루트의 향긋한 열대 풍미가 조화를 이루는 인기 에이드.

잔 310㎖

ingredients

패션프루트 농축액 60g
탄산수 160㎖
얼음 80g

How to make

1. 잔에 패션프루트 베이스를 넣고 얼음을 채운다.
2. 탄산수를 붓고 한두 번 저어준다.

1

2

TIP

- 농축액은 제품마다 당도가 다르므로 기호에 따라 시럽을 추가한다.

석류에이드

Pomegranate Ade

루비빛 컬러가 돋보이는 석류 에이드. 달콤한 산미가 매력적인 시그니처 메뉴.

잔 310㎖

ingredients

석류 농축액 60g
탄산수 160㎖
얼음 80g

1

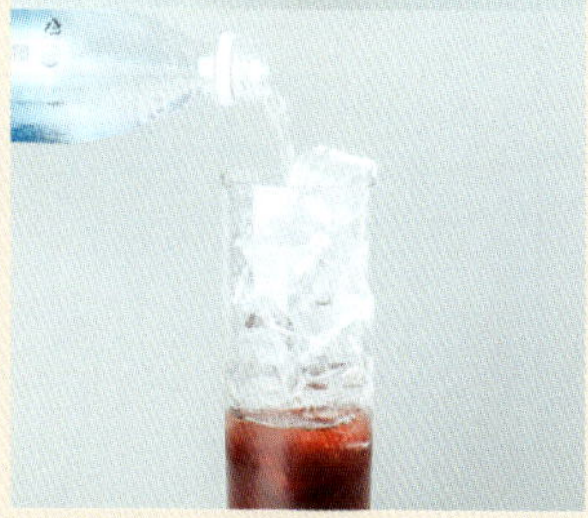

2

How to make

1. 잔에 석류 농축액을 넣고 얼음을 채운다.
2. 탄산수를 부은 뒤 살짝 저어 완성한다.

TIP

- 취향에 따라 설탕시럽을 가감한다.

라임모히또에이드

Lime Mojito Ade

라임의 상큼함과 민트의 청량함이 시원하게 어우러진 모히또 스타일의 논알코올 음료.

잔 360㎖

ingredients

라임청 40g
민트시럽 10g
탄산수 160㎖
라임슬라이스 2조각
민트잎 4~5장
얼음 80g

How to make

1. 잔에 라임청, 민트시럽, 라임슬라이스, 민트잎을 넣고 가볍게 으깨준다.
2. 얼음을 채우고 탄산수를 부은 뒤 살짝 저어준다.

1

2

TIP

- 민트잎은 손으로 살짝 찢어 넣어야 향이 잘 퍼진다.

딸기바나나주스

Strawberry Banana Juice

부드러운 바나나와 딸기의 달콤함이 균형을 이루는 꾸덕하고 진한 블렌디드 주스.

잔 240㎖

ingredients

딸기 농축액 40g
바나나 1개 (100g)
우유 120㎖
얼음 60g

How to make

1. 모든 재료를 블렌더에 넣고 곱게 간다.
2. ①을 잔에 담는다.

1

2

바나나주스

Banana Juice

달달하고 진한 바나나 풍미가 부드럽게 퍼지는 정석 바나나주스.

잔 240㎖

ingredients

바나나 150g
우유 130㎖
얼음 50g

How to make

1. 모든 재료를 블렌더에 넣고 크리미하게 갈아준다.
2. ①을 잔에 담는다.

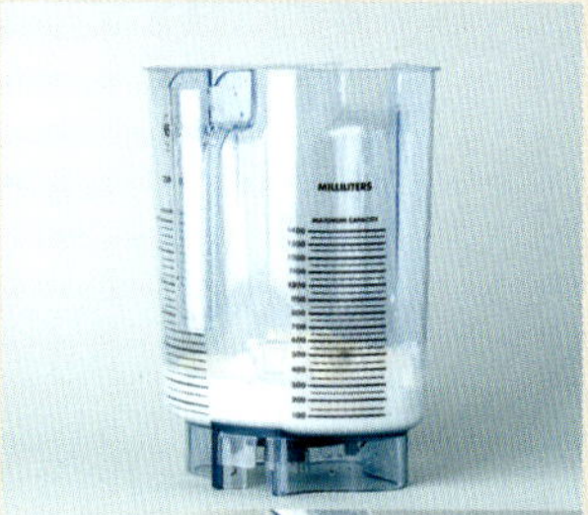

1

2

TIP

- 꿀을 소량 추가하면 은은한 단맛이 더 살아난다.
- 바나나 상태에 따라 얼음의 양을 조절한다.

멜론주스
Melon Juice

멜론의 달콤한 향과 부드러운 텍스처를 그대로 담아낸 부드러운 주스.

잔 240㎖

ingredients

멜론 농축액 50g
우유 120㎖
얼음 60g

How to make

1. 모든 재료를 블렌더에 넣고 곱게 갈아준다.
2. ①을 잔에 담는다.

1

2

TIP

- 냉동 멜론 대신 농축액을 사용하면 계절 영향 없이 안정적인 맛을 유지할 수 있다.

수박주스

Watermelon Juice

시원하고 깔끔한 수박의 단맛을 담은 여름철 대표 시그니처 주스.

잔 240㎖

ingredients

수박 과육 180g
얼음 60g

How to make

1. 수박과 얼음을 블렌더에 넣고 곱게 간다.
2. ①을 잔에 담는다.

1

2

TIP

- 수박 과육은 반드시 씨를 제거한 뒤 사용한다.
- 수박 상태에 따라 꿀을 5g 정도 추가해도 좋다.
- 거름망에 한 번 거르면 더 깔끔한 텍스처를 완성할 수 있다.

토마토주스

Tomato Juice

토마토 본연의 깊은 풍미와 상쾌한 산미를 살린 주스. 깔끔하고 산뜻한 마무리감이 특징.

잔 240㎖

ingredients

토마토 180g
물 40㎖
얼음 40g
꿀 5~10g

How to make

1. 토마토는 블렌더에 갈기 좋게 썰어준다.
2. 모든 재료를 블렌더에 넣고 곱게 간다.
3. 잔에 담아 제공한다.

1

2

3

TIP

- 꿀은 토마토의 풍미를 해치지 않도록 적당량을 사용한다.

Everything in Blender

블렌더의 모든 것

겨울은 짧아지고 여름은 길어지는 기후 변화의 영향 때문인지 최근 음료 트렌드에서도 서서히 아이스 음료가 차지하는 비중이 늘어나면서 블렌더의 중요성도 덩달아 커지고 있다. 실제로 어떤 제품을 선택하느냐에 따라 메뉴 레시피와 맛은 기본, 음료를 완성하는 시간에 차이가 생기기 때문에 이는 결국 매출과도 연관이 깊다고 볼 수 있다. 블렌더를 고를 때는 각 카페의 매장 및 메뉴 콘셉트에 따라 적합한 사양을 선택, 필요한 본체와 볼의 개수를 정하면 된다.

참고로 최근 출시되는 블렌더는 AI 모드, 저소음 설계, 무선 제품 등 스마트 기능이 강화되고 있으며, SNS용 콘텐츠 제작을 위한 고속 모드나 스무디 질감 조절 기능 등이 포함되어 있다. 고객에게 제조 과정을 보여주는 '오픈 블렌딩' 콘셉트도 인기를 끌고 있어 소음을 줄이는 커버형 제품 수요도 늘고 있다.

블렌더와 믹서는 무엇이 다를까?

단순히 재료를 분쇄시키는 기계인 믹서와 달리 블렌더는 고운 입자로 재료를 갈고, 여기에 공기를 주입시켜 균일한 상태로 혼합한다. 따라서 믹서로 갈았을 때보다 맛이 훨씬 더 부드럽고, 또 원하는 설정에 맞춰 식감과 질감을 조절할 수도 있다.

부품 설명

커버 Cover

소음 차단 역할을 한다.

고무패킹 Rubber Packing

충격 흡수. 견고한 소재로 만든 것이어야 터질 위험이 없다.

볼 Bowl

재료를 담는 곳으로, 두께가 있고 투명한 소재가 좋다.

칼날 Blade

스테인리스 재질이 좋으며 베어링이 튼튼해야 한다. 여러 방향으로 칼날이 나 있으면 분쇄와 혼합이 좀 더 골고루 잘된다. 소음이 커지거나 손으로 돌려봤을 때 칼날이 헛돌면 마모된 것이다.

커플링 Coupling

모터를 보호하는 역할을 한다. 사용 빈도에 따라 주기적으로 교체하는 소모품이다.

모터 Motor

블렌더를 작동하는 힘인 마력과 속도가 빠른 제품이 좋다.

전원버튼 Power Button

버튼에 따라 설정이 다르기 때문에 원하는 대로 다양한 메뉴를 제조할 수 있다.

구입 시 체크사항

초기비용

보유한 자금의 규모에 따라 보급형으로 할지, 고급형으로 할지 결정한다. 다만 이 경우 블렌더를 계산대와 가까운 위치에 놓아야 한다면 커버가 잘 갖춰진 고급형 모델이 바람직하다.

메뉴

스무디, 프라페 등 아이스 메뉴가 중심인 카페는 블렌더를 자주 사용하는 만큼 내구성이 강한 제품을 택해야 한다. 이때는 성능 좋은 본체를 몇 대만 두고, 볼을 여러 개 번갈아가며 쓰는 것이 효율적이다. 소음을 의도적으로 노출해 손님들에게 카페의 컨셉을 알리고 흥미를 끌 수도 있다.

사양

블렌더는 단기간 사용하고 바꾸는 소모품이 아니기 때문에 A/S, 유지보수비용, 고장빈도 등을 우선해서 따져보는 것이 현명하다.

인테리어

블렌더의 사이즈는 제조사에 따라 큰 차이가 없으며 볼의 용량도 거의 비슷한 편이다. 다만 색상이나 디자인은 매장 분위기에 맞춰 어울리는 제품으로 고르는 것이 좋다. 만약 화이트와 블랙이 주를 이루는 매장이라면 레드는 피하는 식이다.

맛있는 블렌더 활용법

- 레시피를 정할 때는 블렌더를 테스트하면서 재료의 비율과 분쇄도를 결정하고, 블렌딩 후 직접 맛보면서 식감과 질감을 느껴야 한다.
- 같은 버튼을 눌러도 재료에 따라 결과가 달라지기 때문에 우선은 재료를 기준으로 알맞은 버튼을 설정해야 한다.
- 보통은 기본으로 설정된 버튼으로 대부분의 메뉴를 만드는데, 원하는 느낌을 살리고 싶다면 수동으로 버튼을 조정해도 좋다.
- 냉동과일을 넣을 때는 얼음 양을 줄인다.

재료 넣는 순서

가루류는 액체와 잘 섞이지 않으면 블렌더 벽면에 달라붙을 수 있으므로 액체를 먼저 넣고 그 위에 가루, 고체 순으로 넣는 것이 일반적이다. 기종이나 재료 특성에 따라 예외가 있을 수 있으나 대부분의 블렌더 제조사가 액체 - 가루 - 고체 순을 권장한다.

액체 → 가루 → 고체

올바른 블렌더 사용

- 얼음이 잘 갈리지 않을 때나 한두 개가 안 갈려서 헛도는 소리가 들릴 때는 액체로 된 재료를 좀 더 넣거나 잠시 기다려서 얼음을 살짝 녹인다.
- 질감이 너무 묽다고 해서 얼음만 더 넣어서 갈면 질감은 되직해질지 몰라도 맛은 싱거워질 수 있다.
- 블렌더를 돌려봤을 때 볼 가운데가 비어있고 얼음이 옆면에 붙는 것은 얼음이 다른 재료에 비해 너무 많이 들어갔기 때문이다.
- 작동이 완전히 멈추기 전까지는 볼을 분리하면 안 된다. 모터에 무리를 주고 커플링과 블레이드 등 일부 부품들을 파손시킬 수 있다.
- 매뉴얼을 충분히 익히고 블렌더의 다양한 기능을 활용해 효율을 높이는 것이 좋다.
- 고장 난 부품이 보이면 그 즉시 사용을 멈춘다.
- 블렌더 사용량이 많고 자금에 여유가 있다면 볼을 여러 개 마련해 음료별로 사용하는 것도 좋은 방법이다. 서로 다른 색이 물들거나 혼합하는 과정에서 맛이 변할 수 있기 때문이다.

블렌더 설치 및 세척 팁

설치

- 블렌더는 단단하고 안정적인 테이블 위에 올려야 진동과 소음이 적다.
- 순간 전력 사용량이 많은 제품이라 별도의 전기 공사가 필요할 수도 있다. 전력이 부족한 매장일 경우 종종 차단기가 내려간다.
- 에스프레소 머신과 별도의 콘센트를 사용해야 안전하다.

세척

- 볼 세척과 소독은 해당 업체 측이 권장하는 방법대로 하는 것이 좋다. 종종 물에 락스를 풀고 볼을 담가두는 경우가 있는데, 이 방법은 기계의 수명을 단축시킬 수 있어 삼가야 한다.
- 표면이 거친 수세미 대신 부드러운 스펀지를 써야 볼에 흠집이 덜 생긴다.
- 사용 후에는 수시로, 매일 꼼꼼하게 세척하는 것이 중요하다. 건조시킬 때는 보통 뒤집어 놓는데 이때 밑 부분에 이끼가 생길 수 있어 틈틈이 방향을 바꿔주는 것이 좋다.
- 일주일 한번 이상은 볼을 분리한 후에 칼날 상태를 점검, 이물질이 있으면 깨끗이 제거한다. 세제나 물기가 남아있으면 빨리 부식되므로 부품을 완전히 건조시킨 뒤 조립하는 것이 좋다.

1. 볼에 물을 1/3 정도 채운 뒤 세제를 한두 방울만 넣고, 약 30초 작동을 시킨다.
2. 부드러운 스펀지에 세제를 묻힌 후 뚜껑과 볼을 골고루 닦고 헹군다. 이때는 볼 중심에 있는 칼날을 살짝 쥔 상태로 돌려가며 씻어야 손을 다치지 않는다.
3. 세제가 남지 않도록 물을 넣고 작동시킨 후 몇 번 더 헹군다.

블렌더 사용에 적합하지 않은 얼음

- 일정하지 않은 크기의 얼음 - 블렌딩 속도가 빨라지고, 평소보다 음료가 묽어진다.
- 크기가 작은 얼음 - 얼음 양을 정확히 재기가 어려워 레시피를 맞출 수 없고, 블렌딩을 할 때도 얼음 입자들의 지속력이 떨어진다.

샹그리아 ♦ 뱅쇼 ♦ 아이리시커피 ♦ 라임모히또 ♦ 모스코뮬 ♦ 블루하와이안 ♦ 깔루아밀크

ALCOHOL

알코올

RECIPE 7

ESTD 1827
Ballantine's
BLENDED SCOTCH WHISKY
AGED 17 YEARS
JOHNNIE WALKER
BLACK LABEL
BLENDED SCOTCH WHISKY
AGED 12 YEARS
THE GLENLIVET
12
YEARS OF AGE
SINGLE MALT SCOTCH WHISKY
ESTD 1824
DOUBLE OAK
The MACALLAN
HIGHLAND SINGLE MALT SCOTCH WHISKY
12
YEARS OLD
DOUBLE CASK

IPA

샹그리아

Sangria

자칫 밋밋할 수 있는 와인에 시트러스 계열의 과일과 톡 쏘는 탄산수를 더해 화사한 맛으로 재탄생시켰다. 멋진 분위기를 낼 수 있는 세련된 음료다.

잔 180㎖
(약 6잔 기준)

ingredients

오렌지 1개
레몬 1개
레드와인 750㎖
럼 30㎖
탄산수 300㎖

How to make

1. 스퀴저를 이용해 오렌지와 레몬을 반 개씩 착즙한다.
2. 병에 레드와인을 넣는다.
3. ②에 럼을 넣는다.
4. ③에 오렌지, 레몬 착즙액을 넣는다.
5. 탄산수를 넣는다.
6. 착즙하고 남은 과일을 한입 크기로 자른 후 ⑤에 넣는다.

TIP

- 화이트와인을 사용할 때는 사과와 청포도가 잘 어울린다.

1

2

3

4

5

6

뱅쇼

Vin Chaud

‘뱅쇼’는 원기 회복과 감기 예방을 위해 프랑스에서 마시기 시작한 따뜻한 와인을 말한다. 독일과 북유럽에서는 ‘글루바인Gluhwein’, 미국에선 ‘뮬드와인Mulled Wine’으로 불리며, 추운 겨울 시즌메뉴로 활용하기 알맞은 음료다.

잔 180㎖
(약 6잔 기준)

ingredients

오렌지 1/2개
레몬 1/2개
사과 1/2개
시나몬스틱 1개
레드와인 750㎖

1

How to make

1. 냄비에 오렌지, 레몬, 사과, 시나몬스틱, 레드와인을 넣는다.
2. 중불에 10분 정도 끓인 다음 약불로 낮추고 은근하게 20분 정도 더 끓인다.

TIP

- 과일은 반드시 베이킹소다로 잔여물을 말끔히 없앤 후 사용해야 한다.
- 냉장보관 해두었다가 마시기 전 따뜻하게 데워 제공한다.

응용하기

- 기호에 따라 꿀이나 설탕 등 단맛이 나는 재료를 추가한다.

아이리시 커피

Irish Coffee

커피에 위스키를 넣어 만든 칵테일 커피. 도수가 높은 위스키가 들어가 몸이 따뜻해지는 효과가 있으며, 위에 올린 생크림이 부드럽게 입안을 감싼다.

잔 210㎖

ingredients

레몬즙 약간
황설탕 약간
위스키 30㎖
에스프레소 1샷
뜨거운 물 100㎖
생크림 약간

How to make

1. 잔에 레몬즙과 황설탕을 순서대로 림밍한다.
2. ①에 위스키를 넣는다.
3. ②에 에스프레소를 넣는다.
4. ③에 뜨거운 물을 넣는다.
5. 셰이킹한 생크림을 올려 마무리한다.

1

2

3

5

라임 모히또

Lime Mojito

라임 모히또에 가득 찬 허브와 라임은 그 자체로 기운이 넘친다. 상쾌함이 입안을 감싸는 모히또를 한 모금 들이켜면 헤밍웨이가 그토록 사랑한 이유를 알 수 있을 것이다.

잔 485㎖

ingredients

얼음
라임 1개
라임슬라이스 1~2개
모히또 시럽 30㎖
럼 30㎖
탄산수 150㎖
허브 약간

2

How to make

1. 스퀴저를 이용해 라임을 착즙한다.
2. 잔에 ①과 얼음, 라임슬라이스, 럼, 모히또 시럽, 허브를 넣는다.
3. 탄산수를 넣어준다.

TIP

- 냉동라임을 사용할 경우 미지근한 물에 해동시킨다.

응용하기

- 럼을 넣지 않으면 논알코올 모히또가 된다.

모스코 뮬

Moscow Mule

보드카와 라임의 상큼함에 진저의 매콤한 청량감이 더해진 클래식 칵테일. 달큰하게 캐러멜라이징한 라임 슬라이스와 시나몬 스틱의 은은한 향이 무드를 완성시켜준다.

잔 360㎖

ingredients

보드카 45g
라임 주스 15g
진저에일 160g
얼음 적당량
라임 슬라이스
시나몬 스틱

How to make

1. 잔에 얼음을 가득 채운다.
2. 보드카와 라임 주스를 순서대로 붓는다.
3. 진저에일을 잔의 80% 높이까지 천천히 부어준다.
4. 스푼으로 가볍게 한 번 저어 맛을 섞어준다.
5. 라임 슬라이스와 시나몬 스틱으로 장식한다.

2

4

5

TIP

- 구리잔에 제공하면 진저에일의 청량감을 더욱 살릴 수 있다.
- 라임 슬라이스는 설탕을 살짝 뿌린 팬에서 겉면을 캐러멜라이징해 올리면 비주얼과 향을 동시에 잡을 수 있다.

블루 하와이안

Blue Hawaiian

라이트 럼, 블루 큐라소, 코코넛의 이국적인 조합에 파인애플의 상큼함이 더해진 트로피컬 칵테일.

잔 420㎖

ingredients

라이트 럼 30g
블루 큐라소 시럽 30g
코코넛 럼 or 코코넛 시럽 30g
파인애플 주스 75g
얼음 100g

1

3

How to make

1. 라이트럼부터 순서대로 모든 재료를 블렌더에 넣는다.
2. 고르게 섞일 때까지 곱게 간다.
3. 블렌딩한 음료를 잔에 붓고, 필요 시 민트 잎이나 파인애플 슬라이스로 장식한다.

TIP

- 블루 큐라소 시럽의 색감이 시선을 끄는 만큼, 투명하거나 넓은 잔에 제공하면 더욱 매력적이다.
- 더 부드럽고 달콤한 맛을 내고 싶을 땐 코코넛 시럽을, 알코올 맛을 강조하고 싶을 땐 코코넛 럼을 사용하면 된다.

깔루아 밀크

Kahlua Milk

멕시코산 아라비카 원두와 사탕수수로 만든 깔루아 리큐르와 우유, 에스프레소의 조합. 부드러운 질감과 커피, 알코올 맛이 조화를 이룬다.

잔 360㎖

ingredients

얼음
우유 120㎖
깔루아 30㎖
에스프레소 1샷

How to make

1. 잔에 얼음을 넣는다.
2. ①에 우유를 붓는다.
3. ②에 깔루아를 붓는다.
4. ③에 에스프레소를 넣는다.

2

3

4

TIP

- 깔루아 대신 베일리스를 사용하면 좀 더 부드럽고 은은하게 즐길 수 있다.

Cafe menu A to Z

카페메뉴 A to Z

메뉴를 구성할 때는 오너의 취향, 카페의 콘셉트, 장소와 타깃 등을 고려하고, 이에 따라 맛, 종류, 가격, 디자인 등 메뉴 전반에 걸쳐 주요 사항을 정한다.

TIP

메뉴 구성 순서

1. 메뉴에 관한 전반 사항을 검토한 다음 앞으로 사용할 커피를 정하고, 에스프레소와 핸드드립 등 커피메뉴를 구상한다. 이는 커피산지나 추출방식에 따라 구체화시킬 수도 있다.
2. 아메리카노와 베리에이션을 구상한다. 이때 베리에이션은 에스프레소와 우유, 그 밖에 부재료 등이 조화를 이뤄야 한다.
3. 프라페, 스무디, 주스, 에이드 등 나머지 음료를 구상한다. 기타 메뉴가 너무 많으면 재료 관리나 제조 과정이 복잡해질 수 있으므로 가짓수를 일정 수준으로 조정해야 한다.

맛
Taste

- 레시피를 정하기 이전에 미각 자체와 재료에 대해 먼저 이해해야 한다. 단맛은 짠맛으로 높이고, 바디감은 신맛으로 보완하는 맛의 상호작용을 알아두어야 한다.
- 여럿이 함께 일해야 하는 카페에서 일관된 품질을 유지하기 위해서는 계량화된 레시피를 갖추고 있어야 한다.
- 레시피를 정할 때는 시간, 온도 등 디테일에 신경 쓴다. 음료뿐 아니라 모든 음식이 그렇듯 차가운 메뉴는 차갑게, 뜨거운 메뉴는 뜨겁게 고유의 성질을 유지할 수 있도록 가능한 주문 즉시 만들어 신속하게 제공한다. 따라서 제조 과정은 간편할수록 좋고, 상황에 따라서 필요한 부재료를 사전에 준비하는 지혜도 필요하다.
- 모든 카페가 비슷할 수밖에 없는 기본 메뉴를 어떻게 하면 기존의 것보다 더 맛있게 만들지, 어떤 부분에 변화를 줄 수 있을지 연구하는 것은 기본 자세이다.

종류
Type

- 맛의 핵심은 언제나 좋은 재료에 있다. 기간이 지난 재료는 피해야 하며, 메뉴를 정할 때도 전체적으로 재고를 줄일 수 있는 쪽으로 균형을 맞춰야 한다. 최대한 적은 종류의 재료로 여러 메뉴를 만들어 효율을 높인다.
- 처음부터 무작정 많은 메뉴로 시작하면 수익에 비해 유지비가 많이 들기 때문에 일단 본인이 자신 있는 메뉴를 바탕으로 기본 메뉴에 주력해야 콘셉트가 명확해진다. 메뉴가 지나치게 많으면 손님은 결정을 어려워한다. 창작 메뉴는 기본 메뉴를 충실히 다진 뒤 시도해도 늦지 않다. 금방 수익이 나지 않더라도 시간을 가지고 기다리는 연습도 필요하다.
- 트렌드를 반영해 지속적으로 메뉴를 리뉴얼하고 공부와 투자도 게을리 하지 않는다. 때로는 객관적인 눈으로 잘 팔리지 않는 메뉴를 과감하게 정리할 필요도 있다.

TIP

메뉴와 상권의 상관관계

메뉴의 맛을 잡기에 앞서 먼저 지역에 대해 관심을 가져야 한다. 지역 특성에 따라 손님이 원하는 메뉴와 선호하는 맛도 다르다. 오너의 취향도 물론 중요하지만 그것만 고집한다면 아무리 맛이 좋아도 손님의 만족도는 줄어든다. 손님이 카페를 통해 얻고자 하는 것이 무엇인지 제대로 파악한다면 그 자체로 충분히 좋은 카페가 되고, 손님은 다시 찾고 싶다는 생각을 할 것이다.

예를 들어 대학가 카페는 비교적 주머니가 가벼운 학생들이 자주 찾기 때문에 프라페, 스무디 등 달콤하고 가격대비 포만감이 큰 메뉴를 선호하는 경향이 있다. 오피스 상권의 직장인은 대부분 출근할 때나 식후에 마실 가볍고 깔끔한 커피를 찾기 때문에 주로 아메리카노나 카페라떼를 마신다. 오피스 상권은 짧은 시간에 많은 손님을 응대해야 하므로 레시피가 간단한 메뉴로 구성하는 것이 좋다.

한편 유행에 민감한 카페거리는 시각적으로 세련된 음료를 선호하는 경향이 있어 다양한 부재료를 활용하는 편이며 맛이 독특한 메뉴도 많다. 소득이 높은 지역은 핸드드립 커피 등 재료 본연의 맛을 살린 메뉴를 선호한다. 이곳에서는 남성에 비해 카페에서의 모임이 잦고 커피소비량도 많은 여성 소비자를 공략하는 것도 좋다.

가격
Price

- 일반적으로는 원가를 바탕으로 판매가를 정한다. 이때 원가에서 재료비의 비중은 30% 이하가 이상적이다. 30% 이상이 된다면 재료비 외 임대료, 인건비, 전기료, 수도세 등 유지비를 감당하기가 어려워진다.
- 요즘은 원가율보다 고객이 체감하는 가치와 브랜딩의 일관성이 가격을 결정짓는 시대다. 고급화 전략을 지향하는 매장이라면 가격이 아닌 스토리와 경험을 통해 고객을 설득하는 방식이 더 효과적이다. 반대로 단가 기반의 테이크아웃 매장은 정가제를 도입해 신뢰를 주는 경우가 늘고 있다.
- 보통 카페가 속한 상권과 비슷한 수준으로 가격을 맞추는데, 만약 같은 상권이더라도 콘셉트가 다르면 가격도 이에 맞게 책정하는 것이 좋다. 테이크아웃 전문점은 거스름돈이 복잡하지 않도록 가격을 정하는 식이다.
- 가격경쟁력은 오랫동안 지속되지 못하므로 무조건 싸게 판다고 능사는 아니다. 낮은 가격으로 경쟁하면 조금이라도 더 마진을 남기기 위해 원가를 낮추는 데만 쓸데없는 에너지를 소모할 위험이 크다.
- 손님이 내일도 다시 찾게 하려면 적정가격의 테두리 안에서 가능한 좋은 재료를 쓰는 것이 가장 바람직하다. 잘되는 카페는 비싼 것도 잘 팔 줄 아는 능력이 있어야 한다. 아예 최상급 재료를 써서 단가를 높이고 품질에 차별을 두거나 박리다매 전략을 세우는 등 카페 입지와 콘셉트에 맞게 장기적인 관점에서 가격을 정해야 한다.

디자인
design

카페의 얼굴인 메뉴판

메뉴판은 카페의 첫인상을 결정하고 마케팅의 측면에서도 중요한 요소인 만큼 카페의 전체적인 느낌과 잘 어울리는 것이 좋다. 매장 분위기에 맞춰 폰트, 사진, 일러스트 등 다양한 구성 요소를 통일한다. 화려하고 번잡한 것보다 단정하고 깔끔한 메뉴판이 높은 신뢰감을 준다.

입체적인 메뉴 소개

단순히 종류나 가격에 따라 메뉴 순서를 나열하기보다 인기메뉴나 추천메뉴를 강조하고, 단가가 높은 메뉴는 눈에 띄게, 그렇지 않은 메뉴는 눈에 덜 띄게 표기하는 등 보다 다양한 각도로 접근해보자. 세트메뉴, 대표메뉴 등으로 구매욕을 자극하는 동시에 메뉴 결정을 돕는 방법도 있다. 또한 메뉴를 작성할 때는 몇 가지 큰 범주로 나누고 세부적으로 나열해줘야 손님이 쉽게 선택할 수 있다.

친절한 설명은 서비스

메뉴판은 손님들에게 정보를 전달하기 위해 존재한다. 주문마다 메뉴를 일일이 설명할 수 없다보니 메뉴판에 이름, 가격, 특징 등의 정보를 함께 기재해 손님의 선택을 돕는다. 하지만 설명이 지나치게 장황하면 오히려 역효과가 나므로 핵심을 살려 간결하게 작성한다.
우리 매장만의 메뉴명을 지어 개성을 살려도 좋지만 손님이 이해할 수 없을 정도로 난해한 이름은 도리어 혼선을 줄 수 있다는 점을 유념한다.

적절한 형태 결정

메뉴보드, 메뉴꽂이, 사진첩, 리플릿 등 다양한 형식들 중 카페의 콘셉트와 손님의 동선에 어울리는 것을 선택한다.
테이크아웃의 비중이 크다면 메뉴보드가 효과적이고, 핸드드립이 중심이라면 산지나 향미에 관해 자세한 설명을 기재할 수 있도록 사진첩, 리플릿 등을 활용하는 것이 좋다. 메뉴꽂이나 리플릿을 활용하면 메뉴판을 일일이 돌리고 거둘 필요가 없어 편하고, 테이블에 진열하기 때문에 인테리어 효과를 기대할 수도 있다. 특히 테이블이 많은 매장에서 효율적인 방법이라 할 수 있다. 또한 메뉴판은 계절이나 리뉴얼 등 다양한 변수에 따라 얼마든지 변동될 수 있어서 처음부터 수정이 번거롭지 않도록 구성하는 것이 중요하다.

우유빙수 ♦ 딸기빙수 ♦ 망고빙수 ♦ 블루베리빙수 ♦ 녹차빙수 ♦ 초콜릿빙수 ♦ 흑임자빙수

SHAVED ICE

빙수

RECIPE 8

우유빙수

Milk Flake

복잡한 토핑 없이 고소한 우유와 달콤한 팥의 맛을 최대한 살린 빙수로, 순수함이 가장 큰 매력이다.

Ingredients

우유 얼음
팥 2스쿱
콩가루 약간
인절미 1~2개
연유

How to make

1. 그릇에 우유 얼음을 절반 정도 채우고 연유를 골고루 드리즐한다.
2. ①에 콩가루를 뿌려준다.
3. ①~② 과정을 반복해 그릇을 가득 채운다.
4. ③에 팥을 올린다.
5. 한 입 크기로 자른 인절미를 올려 마무리한다.

빙수용 팥(6그릇 기준)

1. 냄비에 팥 250g을 넣고 물을 채운 다음 한 차례 끓인 뒤 팥물을 버린다.
2. 압력솥에 ①을 넣고 센 불에 한 차례 끓이다가 약불에 10분 정도 은근히 더 끓인다.
3. 불을 끄고 김이 빠질 때까지 기다린 후 설탕 150g을 넣고 5분 더 끓인다.

1

2

4

5

TIP

- 우유빙수는 재료가 간단하므로 직접 쑨 빙수팥을 써야 차별화된 맛을 낼 수 있다.
- 우유 얼음은 한 그릇 기준 우유 260㎖, 설탕시럽 40㎖을 넣고 얼려 사용한다.

딸기빙수

Strawberry Flake

새하얀 우유얼음에 붉은 딸기가 산뜻한 느낌을 더한다. 심플하지만 누구나 좋아하는 맛으로 꾸준한 인기를 누리는 빙수다.

ingredients

딸기 슬라이스 10개분
우유 얼음
딸기 퓌레A 20㎖
딸기 퓌레B 20㎖
휘핑크림

How to make

1. 그릇 벽면에 딸기 슬라이스를 붙여넣은 뒤 우유 얼음을 절반 정도 채우고 딸기 퓌레A를 넣는다.
2. ①에 우유 얼음을 가득 담고 그 위에 딸기 슬라이스를 채우듯 올린다.
3. 딸기 퓌레B를 올린다.
4. 휘핑크림으로 마무리한다.

1

2

4

TIP

- 라즈베리를 같이 곁들이면 다양한 맛의 베리빙수를 만들 수 있다.

망고빙수

Mango Flake

부드러운 얼음과 새콤달콤한 망고의 조화가 인상적인 빙수. 별다른 토핑이 없어도 충분한 맛을 낸다.

ingredients

냉동 망고 200g
망고 얼음
망고 퓌레 30㎖

How to make

1. 그릇에 망고 얼음을 가득 담는다.
2. ①에 냉동 망고를 반쪽에만 담는다.
3. 망고 퓌레를 부어 완성한다.

1
2
3

TIP

- 망고를 한쪽에 담으면 빙수와의 대비가 돋보여 더욱 예뻐 보인다.

블루베리빙수

Blueberry Flake

블루베리를 수북하게 올려 싱그러운 맛을 살린 빙수. 블루베리는 단맛이 강해 빙수와 잘 어울린다.

ingredients

우유 얼음
냉동 블루베리 100g
블루베리 리플잼
요거트 파우더
연유

How to make

1. 그릇에 우유 얼음을 절반 정도 채우고 연유를 골고루 드리즐한다.
2. ①에 요거트 파우더를 뿌린다.
3. ②에 블루베리 리플잼을 넣는다.
4. ①~② 과정을 반복해 그릇을 가득 채운다.
5. ④에 냉동 블루베리를 올린다.
6. 블루베리 리플잼을 올려 완성한다.

1

2

3

6

TIP

- 요거트 파우더는 취향에 따라 생략해도 좋다.

녹차빙수

Green Tea Flake

보는 것만으로도 시원해지는 빙수. 차가운 성질을 지닌 녹차와 팥으로 만들어 여름철 더위를 식히기에 더할 나위 없이 좋다.

ingredients

녹차 얼음
팥 1스쿱
녹차 아이스크림 1스쿱
녹차 파우더
연유

How to make

1. 그릇에 녹차 얼음을 절반 정도 채우고 연유를 골고루 드리즐한다.
2. ①에 팥을 넣는다.
3. ②에 녹차 얼음을 가득 담고 녹차 파우더를 뿌린다.
4. ③에 녹차 아이스크림을 올려 마무리한다.

1

2

3

4

TIP

- 시리얼, 견과류, 초콜릿 등의 토핑으로 풍성함을 표현해도 좋다.

초콜릿 빙수

Chocolate Flake

초콜릿 얼음 베이스에 쿠키 분태가 토핑된 달콤함의 끝판왕. 쉽게 지치는 더운 여름에 부족한 당을 채워줄 것이다.

ingredients

초콜릿 얼음
초콜릿 파우더
초콜릿 쿠키 3개
자바칩 10g

Prepare

초콜릿 쿠키를 잘게 부숴 쿠키 분태를 만든다.

How to make

1. 그릇에 초콜릿 얼음을 가득 담는다.
2. ①에 초콜릿 파우더를 뿌린다.
3. 초콜릿 쿠키를 잘게 부숴 만든 쿠키 분태를 뿌린다.
4. 자바칩을 올려 완성한다.

1

2

3

4

TIP

- 휘핑크림을 올려 마무리하면 좀 더 시각적인 효과를 줄 수 있다.

흑임자빙수

Black Sesame Flake

달콤한 팥빙수에 고소한 흑임자를 더해 건강까지 챙길 수 있는 빙수.

ingredients

우유 얼음
팥 1스쿱
흑임자 가루 50g
인절미 1~2개
연유

How to make

1. 그릇에 우유 얼음을 절반 정도 채우고 연유를 골고루 드리즐한다.
2. ①에 흑임자 가루를 뿌린다.
3. ①~② 과정을 반복해 그릇을 가득 채운다.
4. ③에 팥을 올린다.
5. 한 입 크기로 자른 인절미를 올려 마무리한다.

1

2

4

5

TIP

- 각종 견과류로 토핑하면 더 고소하고 건강하게 즐길 수 있다.

Tea Study

티 스터디

차는 커피와 함께 대표적인 카페메뉴 중 하나로 알려져 있지만 왠지 모르게 커피와 달리 멀게만 느껴지는 것도 사실이다. 이름부터 고상한 분위기를 물씬 풍기는 낯선 차 메뉴 중 용기 내어 제일 그럴싸한 이름의 메뉴를 주문하고, 잔뜩 기대에 부풀어 오르는 것도 잠시. 차 한 모금을 마시고 난 손님의 얼굴엔 애매모호한 표정만 남아 있을 뿐이다. 첫 맛은 물인지 차인지 모를 만큼 싱겁다가 나중에는 너무 써서 다 마시지도 못하고 아쉬운 마음만을 남기며 카페를 떠나기 일쑤다. 차를 모르는 손님의 문제일 수도 있지만 제대로 차를 접하지 못한 오너에게도 분명 책임은 있다. 한 대형 커피 프랜차이즈를 필두로 차에 대한 뜨거운 이목이 쏠리며 다양한 변화를 보이고 있는 요즘, 어려운 카페 운영에 도움이 되는 작은 열쇠로 자신 있는 차 메뉴를 몇 가지만 갖추는 것은 어떨까.

COLUMN

TIP

2g, 2min, 200㎖ '투투투 레시피'

투투투 레시피를 이용하면 누구라도 무난하게 차를 내릴 수 있다. 투투투 레시피에서 시작해 차와 물의 양을, 우리는 시간을 바꿔가며 다양한 방법으로 자신에게 맞는 추출법을 찾아가면 된다. 물론 티백에 담긴 차로 간편하게 이용해도 좋다. 다만 티백을 사용할 때는 가능한 흔들지 말고 서서히 우러날 때까지 기다리는 것이 중요하다.

차의 종류
Types of tea

카페에서 만날 수 있는 차는 크게 두 가지로 분류할 수 있다. 차 메뉴를 구성할 때는 이 두 가지 차를 재미있는 표현으로 바꿔 손님의 흥미를 끌 수도 있다.

1. 차나무 잎으로 만든 차

백차 찻잎을 그대로 건조, 자연 산화시킨 차 ex. 백모란

녹차 갓 딴 찻잎을 바로 솥에 덖거나 증기로 쪄서 산화를 억제한 차 ex. 세작

황차 찻잎을 종이나 천으로 싸서 습도와 온도에 의해 약하게 발효시킨 차 ex. 황다차

청차 찻잎을 햇볕에 쪼여 조금 시들게 한 후 볶은 반산화차 ex. 우롱차

홍차 찻잎을 비비거나 굴려 세포벽을 파괴한 뒤, 산소와 접촉시켜 효소에 의해 서서히 산화 발효시킨 차 ex. 아쌈

흑차 찻잎을 발효시키거나 인공적으로 숙성처리를 한 차 ex. 보이차

2. 차나무가 아닌, 나무의 잎이나 열매, 줄기, 꽃 등을 가공해서 만든 차

허브차 허브를 말려서 가공한 차 ex. 민트차

꽃차 꽃을 말리거나 향을 첨가해서 만든 차 ex. 재스민차

과일차 열매를 말리거나 가공해서 만든 차 ex. 베리차

한방차 한약재를 이용해서 만들거나 블렌딩 한 차 ex. 둥글레차

차를 맛있게 우리는 비밀
How to make tea delicious

차도 커피와 마찬가지로 정량, 온도, 시간 등 필요한 요소를 철저히 지켜야 맛있게 제대로 우릴 수 있다. 차 종류에 따라 알맞은 물의 온도가 다르고, 사용하는 기물에 따라서 필요한 차의 양도 다르며, 이에 따라 우리는 시간도 달라진다는 사실을 알아두어야 한다. 차를 우리기에 앞서 아래 기물을 갖춰야 한다.

온도계 차에 적절한 물의 온도 체크

타이머 차 우리는 시간을 체크

계량컵 사용하는 티포트와 찻잔 등에 들어가는 물 양을 체크

계량저울 차의 용량 체크. 차는 용량 단위가 작아서 눈금 값을 0.1g 또는 0.05g으로 나타내는 초정밀 저울을 사용한다.

차 맛은 곧 물맛
Tea tastes like water

물맛이 곧 차 맛이라 할 정도로 차에 있어서 물은 중요한 비중을 차지한다. 정수기, 필터에 포함된 물질에 따라서도 우려낸 찻물의 향미와 색감은 큰 영향을 받는다. 특히 산성도와 알칼리도 등 물에 들어있는 금속이온 성분에 따라서 수질이 약산성에 가까우면 우려낸 찻물의 투명도가 높고, 중성이나 약알칼리성에 가까우면 차 내부의 폴리페놀 성분과 만나 찻물은 탁하고 맛도 무거운 편이다.

히비스커스망고티 ♦ 캐모마일애플시나몬티 ♦ 자몽허니블랙티

TEA

티

RECIPE 9

히비스커스망고티

Hibiscus Mango Tea

상큼하고 새콤한 히비스커스 티와 달콤한 망고가 만나 싱그러운 느낌을 주는 아이스티 음료.

잔 518㎖

ingredients

히비스커스 티백 1개
뜨거운 물 300㎖
망고 소스 60g

How to make

1. 뜨거운 물에 히비스커스 티를 우린 뒤 식혀 놓는다.
2. 잔에 망고 소스를 넣는다.
3. ②에 얼음을 넣는다.
4. ③에 ①을 부어준다.

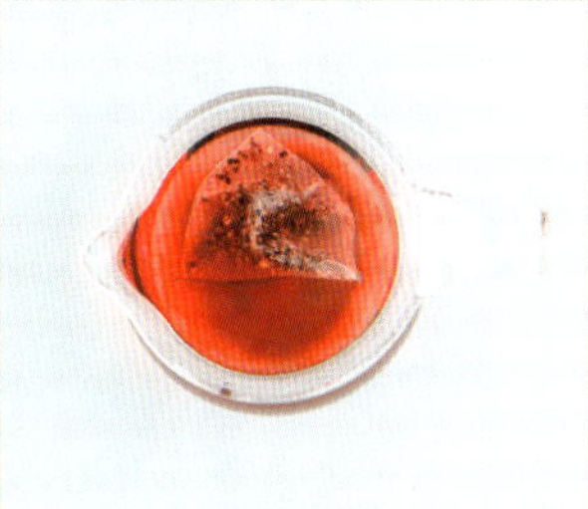

1

2

4

TIP

- 냉동과일이나 허브로 가니쉬하면 비주얼을 더 살릴 수 있다.
- 티를 미리 만들어 냉장보관한 뒤 사용해도 좋다.

캐모마일애플시나몬티 Chamomile Apple Cinamon Tea

마음을 편하게 해주는 캐모마일 티에 톡톡 튀는 맛의 애플시나몬잼을 넣은 차. 은은한 차에 개성을 더했다.

잔 360㎖

ingredients

캐모마일 티백 1개
애플시나몬 리플잼 60g
레몬 슬라이스 1개
뜨거운 물 250㎖

How to make

1. 잔에 애플시나몬 리플잼을 넣는다.
2. ①에 캐모마일 티백과 뜨거운 물을 넣고 잘 저어준다.

1

2

TIP

- 레몬 슬라이스 대신 레몬베이스 제품을 넣어도 좋다.
- 시나몬 향이 부족하다면 시나몬 파우더를 첨가해도 된다.

자몽허니블랙티

Grapefruit Honey Black Tea

상큼한 자몽청과 진하게 우린 홍차, 그리고 꿀이 어우러져 새콤달콤한 향과 맛이 일품인 티 음료.

잔 360㎖

ingredients

홍차 티백 1개
뜨거운 물 180㎖
자몽청 40g
꿀 20g
얼음

How to make

1. 홍차 티백을 뜨거운 물에 넣고 진하게 우려 준비한다.
2. 잔에 자몽청과 꿀을 넣고 잘 섞는다.
3. 잔에 얼음을 채운 뒤 ①을 붓는다.

1

2

3

TIP

- 홍차는 잉글리시 브랙퍼스트, 아쌈 등 바디감 있는 제품을 사용한다.
- 자몽청에 과육이 많을 경우 살짝 으깨주면 풍미가 더 풍부해진다.
- 뜨겁게 제공할 시 자몽청의 양을 살짝 줄인다.

당신의 카페를 빛낼

맛있는 커피 레시피

2013년 9월 16일 초판 1쇄 발행
2025년 11월 19일 2판 1쇄 발행

지은이 아이비라인
펴낸이 홍성대
편집 홍유정
사진 유재학, 정지선
디자인 onmypaper

펴낸곳 아이비라인
출판등록 2001년 12월 27일 제311-2003-00049호
주소 (04321) 서울시 용산구 한강대로 329 예안빌딩 3층
전화 (02) 388-5061 **팩스** (02) 388-9880
홈페이지 www.the-cup.co.kr

ISBN 978-89-93461-72-5 13590